Das Erste Spanische Lesebuch für Anfänger

Lisa Katharina May

Das Erste Spanische Lesebuch für Anfänger

Stufen A1 A2

Zweisprachig mit Spanisch-deutscher Übersetzung

Das Erste Spanische Lesebuch für Anfänger
von Lisa Katharina May

Audiodateien www.lppbooks.com/Spanish/FirstSpanishReader_audio/
Homepage www.audiolego.com

Umschlaggestaltung: Audiolego Design
Umschlagfoto: Audiolego Studio

5. Ausgabe
ISBN 9788366011274
Copyright © 2012 2015 2018 Language Practice Publishing
Copyright © 2015 2018 Audiolego
Alle Rechte vorbehalten. Das Werk ist urheberrechtlich geschützt.

Tabla de Contenidos
Inhaltsverzeichnis

Anfänger Stufe 1A 9

Spanisches Alphabet 10

So steuern Sie die Geschwindigkeit der Audiodateien 13

Kapitel 1 Robert hat einen Hund 14

Kapitel 2 Sie wohnen in Barcelona 17

Kapitel 3 Sind sie Deutsche? 20

Kapitel 4 Können Sie mir bitte helfen? 24

Kapitel 5 Robert wohnt jetzt in Spanien 28

Kapitel 6 Robert hat viele Freunde 32

Kapitel 7 David kauft ein Fahrrad 36

Kapitel 8 Linda will eine neue DVD kaufen 39

Kapitel 9 Paul hört deutsche Musik 42

Kapitel 10 Paul kauft Fachbücher über Design 46

Kapitel 11 Robert will ein bisschen Geld verdienen 50

Kapitel 12 Robert will ein bisschen Geld verdienen (Teil 2) 54

Fortgeschrittene Anfänger Stufe A2 59

Capítulo 13 El nombre del hotel 60

Capítulo 14 Aspirina 63

Capítulo 15 Nancy y el canguro 66

Capítulo 16 Los paracaidistas 70

Capítulo 17 ¡Apaga el gas! 75

Capítulo 18 Una agencia de empleo 79

Capítulo 19 David y Robert lavan el camión (primera parte) 83

Capítulo 20 David y Robert lavan el camión (segunda parte) 87

Capítulo 21 Una clase 91

Capítulo 22 Paul trabaja en una editorial 94

Capítulo 23 Reglas para gatos 99

Capítulo 24 Trabajo de equipo 103

Capítulo 25 Robert y David están buscando un nuevo trabajo 107

Capítulo 26 Solicitar empleo en Noticias Barcelona	113
Capítulo 27 La patrulla de policía (primera parte)	118
Capítulo 28 La patrulla de policía (segunda parte)	124
Capítulo 29 Escuela para Estudiantes Extranjeros (E.E.E) y au pairs	130
Wörterbuch Spanisch-Deutsch	134
Wörterbuch Deutsch-Spanisch	151
Die 1300 wichtigen spanischen Wörter	168
Días de la semana	168
Meses	168
Estaciones del año	168
La familia	168
Apariencia y cualidades	168
Emociones	169
Ropa	169
Casa y muebles	170
La cocina	171
Vajilla	171
Comida	172
Carne y pescado	173
Fruta	173
Verduras	173
Bebidas	174
Cocina	174
Trabajo domestico	175
Cuidado del cuerpo	175
Clima	175
Transporte	176
Ciudad	176
Colegio	178
Profesiones	179
Acciones	180
Música	180

- **Deportes** 181
- **Cuerpo** 182
- **Naturaleza** 182
- **Mascota** 183
- **Animales** 183
- **Aves** 183
- **Flores** 184
- **Árboles** 184
- **Mar** 185
- **Colores** 185
- **Tamaño** 185
- **Materiales** 186
- **El Aeropuerto** 186
- **Geografía** 186
- **Crímenes** 187
- **Números** 188
- **Números ordinales** 188
- **Buchtipps** 190

Alfabeto español

Spanisches Alphabet

Buchstabe	Name	IPA	Buchstabe	Name	IPA
A	a	/a/	N	ene	/n/
B	be	/b/	Ñ	eñe	/ɟ/
C	ce	/k/, /θ/	O	o	/o/
CH	che	/tS/	P	pe	/p/
D	de	/d/	Q	cu	/k/
E	e	/e/	R	erre	/r/
F	efe	/f/	S	ese	/s/
G	ge	/g/, /x/	T	te	/t/
H	hache	stumm	U	u	/u/
I	i	/i/	V	uve	/b/
J	jota	/x/	W	doble uve	/gw/
K	ka	/k/	X	equis	/x/, /ks/
L	ele	/l/	Y	i griega	/i/
LL	elle	/ʎ/	Z	zeta	/θ/
M	eme	/m/			

Spanische Aussprache

Die meisten Buchstaben werden ähnlich wie im Deutschen ausgesprochen. Größere Abweichungen sind:

C

Beim **c** kommt es darauf an, welcher Vokal folgt.

Vor **i** oder **e** wird es im Castellano wie das englische **th** ausgesprochen. In Andalusien und in Lateinamerika wie ein stimmloses **S** wie Englisch **sun** ausgesprochen.

Folgen **a, o** und **u** oder Konsonanten (außer **h**), wird es wie das deutsche **k** ausgesprochen: **camarero - kamarero**.

Ch

Das **ch** wird im spanischen **tsch** ausgesprochen: **Chica - Tschika**.

G

Genau wie beim **c** kommt es auch beim **g** darauf an, welcher Buchstabe folgt.

Bei **a**, **o** und **u**, sowie allen Konsonanten wird es wie das deutsche **g** ausgesprochen.

Folgt aber ein **e** oder ein **i**, so wird es wie das deutsche **ch** in Dach ausgesprochen: **Generoso - Cheneroso**

Gu

Soll das spanische **g** wie das deutsche **g** ausgesprochen werden, obwohl **e** oder **i** folgen, so setzt man ein **u** zwischen das **G** und das **e** bzw. das **i**. Das **u** wird in diesem Fall nicht ausgesprochen: **Guerra - Gerra**.

Gü

Oben wurde gesagt, dass das **u** bei Kombinationen wie **gue** oder **gui** nicht ausgesprochen wird, sondern nur dazu dient, das **e** bzw. das **i** vom **g** zu trennen. Soll aber auch das **u** mit ausgesprochen werden, schreibt man **ü**: **Ungüento - Unguento**.

H

Das **h** wird nicht ausgesprochen: **Humor - Umor**.

J

Das **j**, auf spanisch **jota**, wird so ähnlich wie das **ch** in **Ach du meine Güte** ausgesprochen.

Ll

Etwa wie **lj**, also **botella - botelja** wobei l und j eng verschmilzen, ähnlich wie im deutschen Wort **Famillie**.

Ñ

Das spanische Alphabet besitzt einen besonderen Buchstaben, das **eñe**. Er wird (aus deutscher Sicht) **nj** ausgesprochen. **Mañana** spricht man also **Manjana** aus.

Qu

Das spanische **qu** wird deutsch **k** ausgesprochen. Man benötigt es, um auch vor einem **e** oder einem **i** ein gesprochenes **k** zu erhalten: **Que - Ke**, **Quince - Kinsse**.

V

Das spanische **V** wird als eine Art Mischung aus **b** und **w** ausgesprochen.

Y

Das **y** wird als schwaches **i** ausgesprochen, vor anderen Vokalen wie ein deutsches **j**: **Soy - Soi**, **Leyendo - Lejendo**.

Z

Das **z** wird wie das englische **z** ausgesprochen, eventuell etwas schärfer.

Betonung

Trägt der Buchstaben ein Betonungszeichen, so wird diese Silbe betont: perd**ó**n, **mú**sica.

Endet das Wort auf **a, e, i, o, u** oder auf **s** bzw. **n**, so wird die vorletzten Silbe betont: to**ma**te, to**ma**tes.

Endet das Wort auf eine anderen Konsonanten außer **n** und **s** (zum Beispiel: d,l,r,z,...), so wird die letzte Silbe betont: beb**er**, españ**ol**, habilid**ad**, andal**uz.**

So steuern Sie die Geschwindigkeit der Audiodateien

Das Buch ist mit den Audiodateien ausgestattet. Die Adresse der Homepage des Buches, wo Audiodateien zum Anhören und Herunterladen verfügbar sind, ist am Anfang des Buches auf der bibliographischen Beschreibung vor dem Copyright-Hinweis aufgeführt.

Wir empfehlen Ihnen, den kostenlosen VLC-Mediaplayer zu verwenden, die Software, die zur Steuerung der Wiedergabegeschwindigkeit aller Audioformate verwendet werden kann. Die Steuerung der Geschwindigkeit ist auch einfach und erfordert nur wenige Klicks oder Tastatureingaben.

Android: Nach der Installation vom VLC Media Player klicken Sie auf die Audiodatei am Anfang eines Kapitels oder auf der Homepage des Buches, wenn Sie ein Papierbuch lesen. Wählen Sie "Open with VLC". Wenn Sie Schwierigkeiten beim Öffnen von Audiodateien mit VLC haben, ändern Sie die Standard-App für den Musik-Player. Gehen Sie zu Einstellungen→Apps, wählen Sie VLC und klicken Sie auf "Open by default" oder "Set default".

Kindle Fire: Nach der Installation vom VLC Media Player klicken Sie auf eine Audiodatei am Anfang eines Kapitels oder auf der Homepage des Buches, wenn Sie ein Papierbuch lesen. Wählen Sie "Complete action using →VLC".

iOS: Nach der Installation vom VLC Media Player kopieren Sie den Link zu der Audiodatei am Anfang eines Kapitels oder auf der Homepage des Buches, wenn Sie ein Papierbuch lesen, und fügen Sie ihn in den Download-Bereich des VLC Media Players ein. Nachdem der Download abgeschlossen ist, gehen Sie zu "Alle Dateien" und starten Sie die Audiodatei.

Windows: Starten Sie den VLC Media Player und klicken Sie auf die Audiodatei am Anfang eines Kapitels oder auf der Homepage des Buches, wenn Sie ein Papierbuch lesen. Gehen Sie nun in die Wiedergabe (Playback) und navigieren Sie die Geschwindigkeit.

MacOS: Starten Sie den VLC Media Player und klicken Sie auf die Audiodatei am Anfang eines Kapitels oder auf der Homepage des Buches, wenn Sie ein Papierbuch lesen. Nun, navigieren Sie zum Playback und öffnen die Optionen von Geschwindigkeit. Navigieren Sie die Geschwindigkeit.

1

Robert tiene un perro

Robert hat einen Hund

 A

Palabras

Vokabeln

1. aquel, aquella - dieser, diese [dort] (Sg.)
2. aquellos, aquellas - diese [dort] (Pl.)
3. azul - blau
4. Barcelona - Barcelona
5. bicicleta - Fahrrad
6. bonito, bonita - schön
7. calle - Straße
8. calles - Straßen
9. cama - Bett

10. camas - Betten
11. cuaderno - Notizbuch
12. cuadernos - Notizbücher
13. cuatro - vier
14. David (nombre) - David (Name)
15. él - er
16. ellos - sie (Pl.)
17. en - in
18. este, esta - dieser, diese [hier] (Sg.); este libro - dieses Buch
19. estos, estas - diese, diese [hier] (Pl.)
20. estrella - Stern
21. estudiante - Schüler (Sg.)
22. estudiantes - Schüler (Pl.)
23. gato, gata - Kater, Katze
24. gatos, gatas - Kater, Katzen
25. grande - groß
26. habitación - Zimmer (Sg.)
27. habitaciones - Zimmer (Pl.)
28. hay - es gibt
29. hotel - Hotel (Sg.)
30. hoteles - Hotel (Pl.)
31. lápiz - Stift
32. lápices - Stifte
33. libro - Buch
34. mesa - Tisch
35. mesas - Tische
36. mi, mis - mein, meine
37. Robert (nombre) - Robert (Name)
38. mucho, muchos - viel, viele

39. nariz - Nase
40. narices - Nasen
41. negro - black
42. no - nicht
43. nuevo, nueva - neu
44. ojo - Auge
45. ojos - Augen
46. palabra - Vokabel
47. palabras - Vokabeln
48. parque - Park
49. parques - Parks
50. pequeño - klein
51. perro - Hund
52. perros - Hunde
53. su - sein, seine, seines; su cama - sein Bett
54. sueño - Traum
55. sueños - Träume
56. también - auch
57. tener - haben
58. texto - Text
59. tienda - Laden
60. tiendas - Läden
61. tiene - er/sie/es hat (Tiene un libro. - Er/Sie/Es hat ein Buch.)
62. un, una - ein, eine
63. ventana - Fenster (Sg.)
64. ventanas - Fenster (Pl.)
65. verde - grün
66. y - und
67. yo - ich

B

Robert tiene un perro

1.Este estudiante tiene un libro. 2.También tiene un lápiz.

3.En Barcelona hay muchas calles y parques. 4.En esta calle hay nuevos hoteles y tiendas. 5.Este hotel tiene cuatro estrellas. 6.Este hotel tiene muchas habitaciones bonitas y grandes.

7.Aquella habitación tiene muchas ventanas. 8.Y estas habitaciones no tienen muchas ventanas. 9.Estas habitaciones tienen cuatro camas. 10.Y estas habitaciones tienen una cama. 11.Aquella habitación no tiene muchas mesas. 12.Y estas habitaciones tienen muchas mesas grandes.

13.En esta calle no hay hoteles. 14.Esta tienda grande tiene muchas ventanas.

15.Estos estudiantes tienen cuadernos. 16.También tienen lápices.

17.Robert tiene un pequeño cuaderno negro. 18.Paul tiene cuatro cuadernos nuevos y verdes. 19.Este estudiante tiene una bicicleta. 20.Tiene una bicicleta nueva y azul. 21.David también tiene una bicicleta. 22.Tiene una bicicleta bonita y negra.

23.Paul tiene un sueño. 24.Yo también tengo un sueño. 25.Yo no tengo perro. 26.Tengo un gato. 27.Mi gato tiene ojos bonitos y verdes. 28.Robert no tiene gato. 29.Él tiene un perro. 30.Su perro tiene una nariz pequeña y negra.

Robert hat einen Hund

1.Dieser Student hat ein Buch. 2.Er hat auch einen Stift.

3.Barcelona hat viele Straßen und Parks. 4.Diese Straße hat neue Hotels und Läden. 5.Dieses Hotel hat vier Sterne. 6.Dieses Hotel hat viele schöne, große Zimmer.

7.Jenes Zimmer hat viele Fenster. 8.Und diese Zimmer haben nicht viele Fenster. 9.Diese Zimmer haben vier Betten. 10.Und diese Zimmer haben ein Bett. 11.Jenes Zimmer hat nicht viele Tische. 12.Und diese Zimmer haben viele große Tische.

13.In dieser Straße sind keine Hotels. 14.Dieser große Laden hat viele Fenster.

15.Diese Studenten haben Notizbücher. 16.Sie haben auch Stifte.

17.Robert hat ein kleines schwarzes Notizbuch. 18.Paul hat vier neue grüne Notizbücher. 19.Dieser Student hat ein Fahrrad. 20.Er hat ein neues blaues Fahrrad. 21.David hat auch ein Fahrrad. 22.Er hat ein schönes schwarzes Fahrrad.

23.Paul hat einen Traum. 24.Ich habe auch einen Traum. 25.Ich habe keinen Hund. 26.Ich habe eine Katze. 27.Meine Katze hat schöne grüne Augen. 28.Robert hat keine Katze. 29.Er hat einen Hund. 30.Sein Hund hat eine kleine schwarze Nase.

2

Ellos viven en Barcelona

Sie wohnen in Barcelona

A

Palabras

Vokabeln

1. ahora - jetzt
2. alemán, alemana - Deutscher, Deutsche
3. Alemania - Deutschland
4. bocadillo, bocadillos - Sandwich, Sandwiches
5. Canadá - Kanada
6. canadiense - Kanadier, Kanadierin
7. ciudad - Stadt
8. ciudades - Städte
9. comprar - kaufen
10. dos - zwei
11. ella - sie
12. España - Spanien
13. español, española - Spanier, Spanierin

14. estoy [estar] / soy [ser] - ich bin (sein)
15. de - von
16. grande - groß
17. hambre - Hunger
18. hermana - Schwester
19. hermano - Bruder
20. Linda (nombre) - Linda (Name)
21. madre - Mutter
22. nosotros - wir
23. padre - Vater
24. Paul (nombre) - Paul (Name)
25. supermercado - Supermarkt
26. tú - du
27. uno - eins
28. vivir - leben

B

Ellos viven en Barcelona

1.Barcelona es una ciudad grande.
2.Barcelona está en España.

3.Este es Robert. 4.Robert es estudiante. 5.Ahora está en Barcelona. 6.Robert es de Alemania. 7.Es alemán. 8.Robert tiene una madre, un padre, un hermano y una hermana. 9.Ellos viven en Alemania.

10.Este es Paul. 11.Paul también es estudiante. 12.Él es de Canadá. 13.Es canadiense. 14.Paul tiene una madre, un padre y dos hermanas. 15.Ellos viven en Canadá.

16.Robert y Paul ahora mismo están en un supermercado. 17.Ellos tienen hambre. 18.Ellos compran bocadillos.

19.Esta es Linda. 20.Linda es española. 21.Linda también vive en Barcelona. 22.Ella no es estudiante.

23.Yo soy estudiante. 24.Soy de Alemania. 25.Ahora estoy en Barcelona. 26.Yo no tengo hambre.

Sie wohnen in Barcelona

1. Barcelona ist eine große Stadt.
2.Barcelona ist in Spanien.

3.Das ist Robert. 4.Robert ist Student. 5.Er ist zurzeit in Barcelona. 6.Robert kommt aus Deutschland. 7.Er ist Deutscher. 8.Robert hat eine Mutter, einen Vater, einen Bruder und eine Schwester. 9.Sie leben in Deutschland.

10.Das ist Paul. 11.Paul ist auch Student. 12.Er kommt aus Kanada. 13.Er ist Kanadier. 14.Paul hat eine Mutter, einen Vater und zwei Schwestern. 15.Sie leben in Kanada.

16.Robert und Paul sind gerade im Supermarkt. 17.Sie haben Hunger. 18.Sie kaufen Sandwiches.

19.Das ist Linda. 20.Linda ist Spanerin. 21.Linda wohnt auch in Barcelona. 22.Sie ist kein Studentin.

23.Ich bin Student. 24.Ich komme aus Deutschland. 25.Ich bin zurzeit in Barcelona. 26.Ich habe keinen Hunger.

27. Tú eres estudiante. 28. Eres alemán. 29. Ahora no estás en Alemania. 30. Estás en España.

31. Nosotros somos estudiantes. 32. Ahora estamos en España.

33. Esto es una bicicleta. 34. La bicicleta es azul. 35. La bicicleta no es nueva.

36. Esto es un perro. 37. El perro es negro. 38. El perro no es grande.

39. Esto son tiendas. 40. Estas tiendas no son grandes. 41. Son pequeñas. 42. Esta tienda tiene muchas ventanas. 43. Aquellas tiendas no tienen muchas ventanas.

44. Esta gata está en la habitación. 45. Estas gatas no están en la habitación.

27. Du bist Studentin. 28. Du bist Deutsche. 29. Du bist zurzeit nicht in Deutschland. 30. Du bist in Spanien.

31. Wir sind Studenten. 32. Wir sind zurzeit in Spanien.

33. Dies ist ein Fahrrad. 34. Das Fahrrad ist blau. 35. Das Fahrrad ist nicht neu.

36. Dies ist ein Hund. 37. Der Hund ist schwarz. 38. Der Hund ist nicht groß.

39. Dies sind Läden. 40. Die Läden sind nicht groß. 41. Sie sind klein. 42. Dieser Laden hat viele Fenster. 43. Jene Läden haben nicht viele Fenster.

44. Die Katze ist im Zimmer. 45. Diese Katzen sind nicht im Zimmer.

3

¿Son alemanes?

Sind sie Deutsche?

A

Palabras

Vokabeln

1. al lado de - neben
2. animal - Tier
3. animales - Tiere
4. cafetería - Kaffeehaus
5. casa - Haus
6. chico, chica - Junge, Mädchen
7. cuánto, cuántos - wie viel, wie viele
8. delante de - vor
9. dónde - wo
10. encima de - auf
11. Estados Unidos - Vereinigte Staaten
12. estadounidense - Amerikaner, Amerikanerin
13. hombre - Mann

14. Japón - Japan

15. japonés, japonesa - Japaner, Japanerin

16. mapa - Karte

17. mapas - Karten

18. mujer - Frau

19. ninguno, ninguna - keiner, keine, keines (ningún gato - keine Katze)

20. no - Nein

21. nuestro, nuestra - unser, unsere

22. reproductor de CD - CD-Spieler

23. sentado (sentarse) - er/sie/es sitzt (sich setzen)

24. sí - Ja

25. verde - grün

B

¿Son alemanes?

1

- Soy un chico. Estoy en la habitación.
- ¿Eres estadounidense?
- No, no soy estadounidense. Soy alemán.
- ¿Eres estudiante?
- Sí, soy estudiante.

2

- Esta es una mujer. La mujer también está en la habitación.
- ¿Es alemana?
- No, no es alemana. Es estadounidense.
- ¿Es estudiante?
- No, ella no es estudiante.

3

- Este es un hombre. Está sentado en la mesa.
- ¿Es estadounidense?
- Sí, es estadounidense.

Sind sie Deutsche?

1

- Ich bin ein Junge. Ich bin im Zimmer.
- Bist du Amerikaner?
- Nein, ich bin nicht Amerikaner. Ich bin Deutscher.
- Bist du Student?
- Ja, ich bin Student.

2

- Das ist eine Frau. Die Frau ist auch im Zimmer.
- Ist sie Deutsche?
- Nein, sie ist nicht Deutsche. Sie ist Amerikanerin.
- Ist sie Studentin?
- Nein, sie ist keine Studentin.

3

- Das ist ein Mann. Er sitzt am Tisch.
- Ist er Amerikaner?
- Ja, er ist Amerikaner.

4

- Estos son estudiantes. Están en el parque.
- ¿Son todos alemanes?
- No, no todos son alemanes. Son de Alemania, Japón y Canadá.

5

- Esto es una mesa. Es grande.
- ¿Es nueva?
- Si, es nueva.

6

- Esto es una gata. Está en la habitación.
- ¿Es negra?
- Sí, lo es. Es negra y bonita.

7

- Estas son bicicletas. Están al lado de la casa.
- ¿Son negras?
- Sí, son negras.

8

- ¿Tienes un cuaderno?
- Sí.
- ¿Cuántos cuadernos tienes?
- Tengo dos cuadernos.

9

- ¿Tiene un lápiz?
- Sí.
- ¿Cuántos lápices tiene?
- Tiene un lápiz.

4

- Das sind Studenten. Sie sind im Park.
- Sind sie alle Deutsche?
- Nein, sie sind nicht alle Deutsche. Sie kommen aus Deutschland, Japan und Kanada.

5

- Das ist ein Tisch. Er ist groß.
- Ist er neu?
- Ja, er ist neu.

6

- Das ist eine Katze. Sie ist im Zimmer.
- Ist sie schwarz?
- Ja, das ist sie. Sie ist schwarz und schön.

7

- Das sind Fahrräder. Sie stehen beim Haus.
- Sind sie schwarz?
- Ja, sie sind schwarz.

8

- Hast du ein Notizbuch?
- Ja.
- Wie viele Notizbücher hast du?
- Ich habe zwei Notizbücher.

9

- Hat er einen Stift?
- Ja.
- Wie viele Stifte hat er?
- Er hat einen Stift.

10

- ¿Tiene una bicicleta?
- Sí.
- ¿Es azul su bicicleta?
- No, su bicicleta no es azul. Es verde.

11

- ¿Tienes un libro en español?
- No, no tengo ningún libro en español. No tengo libros.

12

- ¿Tiene un gato?
- No, no tiene ningún gato. No tiene animales.

13

- ¿Tenéis un reproductor de CD?
- No, no tenemos ningún reproductor de CD.

14

- ¿Dónde está nuestro mapa?
- Nuestro mapa está en la habitación.
- ¿Está encima de la mesa?
- Sí, está encima de la mesa.

15

- ¿Dónde están los chicos?
- Están en la cafetería.
- ¿Dónde están las bicicletas?
- Están delante de la cafetería.
- ¿Dónde está Paul?
- También está en la cafetería.

10

- Hat sie ein Fahrrad?
- Ja.
- Ist ihr Fahrrad blau?
- Nein, es ist nicht blau. Es ist grün.

11

- Hast du ein spanisches Buch?
- Nein, ich habe kein spanisches Buch. Ich habe keine Bücher.

12

- Hat sie eine Katze?
- Nein, sie hat keine Katze. Sie hat kein Tier.

13

- Habt ihr einen CD-Spieler?
- Nein, wir haben keinen CD-Spieler.

14

- Wo ist unsere Karte?
- Unsere Karte ist im Zimmer.
- Liegt sie auf dem Tisch?
- Ja, sie liegt auf dem Tisch.

15

- Wo sind die Jungs?
- Sie sind im Café.
- Wo sind die Fahrräder?
- Sie stehen vor dem Café.
- Wo ist Paul?
- Er ist auch im Café.

4

¿Puede ayudarme, por favor?

Können Sie mir bitte helfen?

A

Palabras

Vokabeln

1. ahora mismo - jetzt gerade
2. aprender - lernen
3. ayuda - Hilfe
4. ayudar - helfen
5. banco - Bank
6. Carol (nombre) - Carol (Name)
7. coger - nehmen
8. colocar - stellen, legen
9. dirección - Adresse
10. escribir - schreiben
11. gracias - danke
12. hablar - sprechen
13. ir (voy) - gehen (ich gehe)
14. jugar - spielen
15. leer - lesen
16. pero - aber

17. por favor - bitte
18. poco - wenig
19. un poco - ein bisschen
20. poder (puedo) - können (ich kann)
21. saber - wissen, können
22. sentarse - sich setzen
23. tener que - müssen
24. tenis - Tennis
25. quizá - vielleicht

B

¿Puede ayudarme, por favor?   **Können Sie mir bitte helfen?**

1

- ¿Me puede ayudar, por favor?
- Sí, puedo.
- No puedo escribir la dirección en español. ¿Podría escribirla usted?
- Sí, puedo.
- Gracias.

1

- Können Sie mir bitte helfen?
- Ja, das kann ich.
- Ich kann die Adresse nicht auf Spanisch schreiben. Können Sie sie für mich schreiben?
- Ja, das kann ich.
- Danke.

2

- ¿Sabes jugar al tenis?
- No, pero puedo aprenderlo. ¿Puedes ayudarme?
- Sí, puedo ayudarte a aprender a jugar al tenis.
- Gracias.

2

- Kannst du Tennis spielen?
- Nein. Aber ich kann es lernen. Kannst du mir dabei helfen?
- Ja, ich kann dir helfen, Tennis spielen zu lernen.
- Danke.

3

- ¿Hablas español?
- Puedo hablar y leer en español, pero no puedo escribirlo.
- ¿Hablas alemán?
- Puedo hablar, leer y escribir en alemán.

3

- Sprichst du Spanisch?
- Ich kann Spanisch sprechen und lesen, aber nicht schreiben.
- Sprichst du Deutsch?
- Ich kann Deutsch sprechen, lesen und schreiben.

4

- ¿Carol sabe alemán?
- No, no sabe alemán. Es estadounidense.

5

- ¿Hablan español?
- Sí, un poco. Son estudiantes y aprenden español.
- Pero este chico no habla español.

6

- ¿Dónde están?
- Están jugando al tenis ahora mismo.
- ¿También podemos jugar?
- Sí, podemos.

7

- ¿Dónde está Robert?
- Quizá está en la cafetería.

8

- Siéntese en esta mesa, por favor.
- Gracias. ¿Puedo colocar mis libros en esta mesa?
- Sí.

9

- ¿Puede Paul sentarse en su mesa?
- Sí, puede.

10

- ¿Puedo sentarme encima de su cama?
- No, no puedes.
- ¿Puede Linda coger su reproductor de CD?
- No, no puede coger su reproductor de CD.

4

- Kann Carol auch Deutsch?
- Nein, sie kann kein Deutsch. Sie ist Amerikanerin.

5

- Sprechen sie Spanisch?
- Ja, ein bisschen. Sie sind Studenten und lernen Spanisch.
- Aber dieser Junge spricht kein Spanisch.

6

- Wo sind sie?
- Sie spielen gerade Tennis.
- Können wir auch spielen?
- Ja, das können wir.

7

- Wo ist Robert?
- Er ist vielleicht im Café.

8

- Setzen Sie sich an diesen Tisch, bitte.
- Danke. Kann ich meine Bücher auf diesen Tisch legen?
- Ja.

9

- Darf Paul sich an seinen Tisch setzen?
- Ja, das darf er.

10

- Darf ich mich auf ihr Bett setzen?
- Nein, das darfst du nicht.
- Darf Linda seinen CD-Spieler nehmen?
- Nein, sie darf seinen CD-Spieler nicht nehmen.

11
- ¿Pueden coger su mapa?
- No, no pueden.

11
- Dürfen sie ihre Karte nehmen?
- Nein, das dürfen sie nicht.

12
No puedes sentarte en su cama.
No puede coger su reproductor de CD.
No pueden coger estos cuadernos.

12
Du darfst dich nicht auf ihr Bett setzen.
Sie darf seinen CD-Spieler nicht nehmen.
Sie dürfen diese Notizbücher nicht nehmen.

13
- Tengo que ir al banco.
- ¿Tienes que ir ahora?
- Sí.

13
- Ich muss zur Bank gehen.
- Musst du jetzt gehen?
- Ja.

14
- ¿Tienes que aprender alemán?
- No, no tengo que aprender alemán. Tengo que aprender español.

14
- Musst du Deutsch lernen?
- Ich muss nicht Deutsch lernen. Ich muss Spanisch lernen.

15
- ¿Tiene que ir al banco?
- No. No tiene que ir al banco.
- ¿Puedo coger esta bicicleta?
- No, no puedes coger esta bicicleta.
-¿Podemos colocar estos cuadernos en su cama?
-No, no podéis colocar estos cuadernos en su cama.

15
- Muss sie zur Bank gehen?
- Nein, sie muss nicht zur Bank gehen.
- Darf ich dieses Fahrrad nehmen?
- Nein, du darfst dieses Fahrrad nicht nehmen.
- Dürfen wir diese Notizbücher auf ihr Bett legen?
- Nein, ihr dürft die Notizbücher nicht auf ihr Bett legen.

5

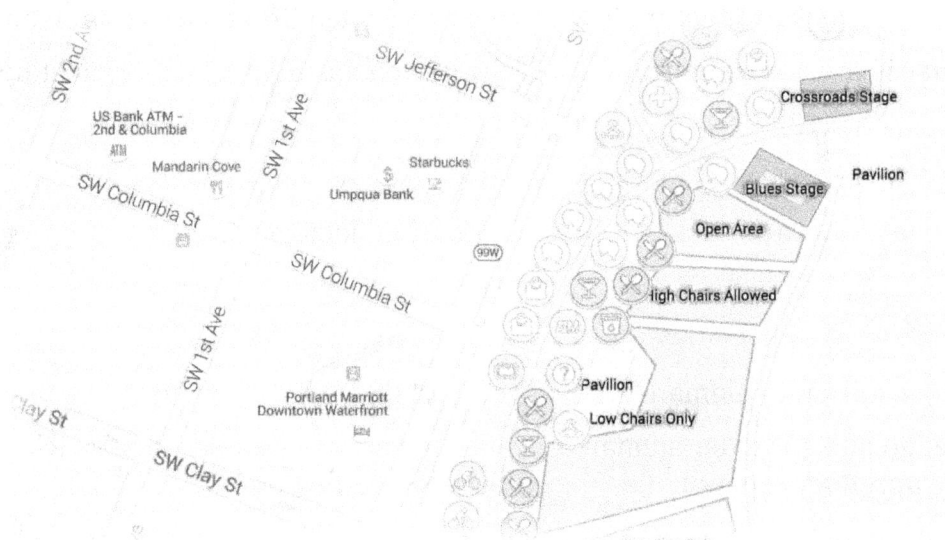

Robert vive en España ahora

Robert wohnt jetzt in Spanien

 A

Palabras
Vokabeln

1. alguno, alguna - irgendein, einige
2. aquí - hier
3. beber - trinken
4. bien [adv] - gut
5. bueno, buena [adj] - gut
6. cinco - fünf
7. comer - essen
8. desayuno - Frühstück
9. desayunar - frühstücken
10. escuchar - hören, zuhören
11. gente - Leute
12. granja - Bauernhof
13. gustar - mögen, gefallen
14. mueble, muebles - Möbel (Sg./Pl.)
15. música - Musik
16. necesitar - brauchen, benötigen

17. ocho - acht
18. periódico - Zeitung
19. plaza - Platz
20. querer - mögen, lieben
21. seis - sechs

22. siete - sieben
23. silla - Stuhl
24. té - Tee
25. tres - drei
26. viejo, vieja - alt

B

Robert vive en España ahora

1

Linda lee bien el español. También leo en español. Los estudiantes van al parque. Ella también va al parque.

2

Vivimos en Barcelona. Paul ahora también vive en Barcelona. Su padre y su madre viven en Canadá. Robert vive en Barcelona ahora. Su padre y su madre viven en Alemania.

3

Los estudiantes juegan al tenis. Paul juega bien. Robert no juega bien.

4

Bebemos té. Linda bebe té verde. David bebe té negro. También bebo té negro.

5

Escucho música. Carol también escucha música. A ella le gusta escuchar música buena.

6

Necesito seis cuadernos. David necesita siete cuadernos. Linda necesita ocho cuadernos.

Robert wohnt jetzt in Spanien

1

Linda liest gut Spanisch. Ich lese auch Spanisch. Die Studenten gehen in den Park. Sie geht auch in den Park.

2

Wir wohnen in Barcelona. Paul wohnt jetzt auch in Barcelona. Sein Vater und seine Mutter leben in Kanada. Robert wohnt jetzt in Barcelona. Sein Vater und seine Mutter leben in Deutschland.

3

Die Studenten spielen Tennis. Paul spielt gut. Robert spielt nicht gut.

4

Wir trinken Tee. Linda trinkt grünen Tee. David trinkt schwarzen Tee. Ich trinke auch schwarzen Tee.

5

Ich höre Musik. Carol hört auch Musik. Sie hört gerne gute Musik.

6

Ich brauche sechs Notizbücher. David braucht sieben Notizbücher. Linda braucht acht Notizbücher.

7

Carol quiere beber algo. También quiero beber algo. Paul quiere comer algo.

8

Hay un periódico en la mesa. Paul lo coge y lo lee. A él le gusta leer periódicos.

9

En la habitación hay muebles. Allí hay seis mesas y seis sillas.

10

Hay tres chicas en la habitación. Están desayunando.

11

Carol come pan y bebe té. A ella le gusta el té verde.

12

Hay algunos libros en la mesa. No son nuevos. Son viejos.

13

- ¿Hay un banco en esta calle?

- Sí. Hay cinco bancos en esta calle. No son grandes.

14

- ¿Hay gente en la plaza?

- Sí, hay gente en la plaza.

15

- ¿Hay bicicletas delante de la cafetería?

- Sí, hay cuatro bicicletas delante de la cafetería. No son nuevas.

16

- ¿Hay un hotel en esta calle?

7

Carol will etwas trinken. Ich will auch etwas trinken. Paul will etwas essen.

8

Dort liegt eine Zeitung auf dem Tisch. Paul nimmt sie und liest. Er liest gerne Zeitung.

9

Im Zimmer gibt es Möbel. Es gibt dort sechs Tische und sechs Stühle.

10

Es sind drei Mädchen im Zimmer. Sie frühstücken.

11

Carol isst Brot und trinkt Tee. Sie mag grünen Tee.

12

Auf dem Tisch liegen ein paar Bücher. Sie sind nicht neu. Sie sind alt.

13

- Ist in dieser Straße eine Bank?

- Ja. Es gibt fünf Banken in dieser Straße. Sie sind nicht groß.

14

- Sind Menschen auf dem Platz?

- Ja, auf dem Platz sind ein paar Menschen.

15

- Stehen Fahrräder vor dem Café?

- Ja, es stehen vier Fahrräder vor dem Café. Sie sind nicht neu.

16

- Gibt es in dieser Straße ein Hotel?

- Nein, es gibt keine Hotels in dieser

- No, no hay hoteles en esta calle.

17

- ¿Hay tiendas grandes en esta calle?

- No, no hay tiendas grandes en esta calle.

18

- ¿Hay granjas en España?

- Sí, hay muchas granjas en España.

19

- ¿Hay muebles en esta habitación?

- Sí, aquí hay cuatro mesas y algunas sillas.

Straße.

17

- Gibt es in dieser Straße große Läden?

- Nein, es gibt keine großen Läden in dieser Straße.

18

- Gibt es in Spanien Bauernhöfe?

- Ja, es gibt viele Bauernhöfe in Spanien.

19

- Sind Möbel in diesem Zimmer?

- Ja, es sind dort vier Tische und einige Stühle.

6

Robert tiene muchos amigos

Robert hat viele Freunde

A

Palabras

Vokabeln

1. agencia de empleo - Arbeitsvermittlung
2. allí - dort
3. amigo, amiga - Freund, Freundin
4. café - Kaffee
5. coche - Auto
6. cocina - Herd
7. conducir - fahren
8. conocer - wissen, kennen
9. dar - geben (dará - er/sie/es wird geben)
10. de Nancy - Nancys (el gato de Nancy - Nancys Katze)
11. de Robert - Roberts (la habitación de Robert - Roberts Zimmer)
12. de su padre - seines Vaters (el coche de su padre - das Auto seines Vaters)

13. debajo de - unter
14. CD (disco compacto) - CD
15. empleo - Arbeit, Job
16. hacia - nach, zu
17. hijo, hija - Sohn, Tochter
18. llegar a - ankommen, gelangen
19. limpio - sauber
20. Nancy (nombre) - Nancy (Name)
21. ordenador - Computer
22. preparar - zubereiten, vorbereiten
23. puerta - Tür
24. tiempo libre - Freizeit
25. trabajo - Arbeit

B

Robert tiene muchos amigos

1

Robert tiene muchos amigos. Los amigos de Robert van a la cafetería. Les gusta beber café. Los amigos de Robert beben mucho café.

2

El padre de Paul tiene un coche. El coche de su padre está limpio, pero es viejo. El padre de Paul conduce mucho. Tiene un buen empleo y ahora mismo tiene mucho trabajo.

3

David tiene muchos CDs. Los CD de David están encima de su cama. El reproductor de CD de David también está encima de su cama.

4

Robert lee periódicos españoles. En la habitación de Robert hay muchos periódicos encima de la mesa.

5

Nancy tiene un gato y un perro. El gato de Nancy está debajo de la cama en la

Robert hat viele Freunde

1

Robert hat viele Freunde. Roberts Freunde gehen ins Café. Sie trinken gerne Kaffee. Roberts Freunde trinken viel Kaffee.

2

Pauls Vater hat ein Auto. Das Auto seines Vaters ist sauber, aber alt. Pauls Vater fährt viel Auto. Er hat eine gute Arbeit und im Moment viel zu tun.

3

David hat viele CDs. Davids CDs liegen auf seinem Bett. Davids CD-Spieler ist auch auf seinem Bett.

4

Robert liest spanische Zeitungen. Auf dem Tisch in Roberts Zimmer liegen viele Zeitungen.

5

Nancy hat eine Katze und einen Hund. Nancys Katze ist im Zimmer unter dem

habitación. El perro de Nancy también está en la habitación.

6

En este coche hay un hombre. El hombre tiene un mapa. El mapa del hombre es grande. Este hombre conduce mucho.

7

Soy estudiante. Tengo mucho tiempo libre. Voy a una agencia de empleo. Necesito un buen trabajo.

8

Paul y Robert tienen un poco de tiempo libre. También van a la agencia de empleo. Paul tiene un ordenador. Quizá la agencia le dará un buen trabajo.

9

Linda tiene una cocina nueva. La cocina de Linda es buena y limpia. Linda prepara el desayuno para sus hijos. Nancy y David son los hijos de Linda. Los hijos de Linda beben mucho té. La madre bebe un poco de café. La madre de Nancy sólo sabe algunas palabras en alemán. Habla muy poco alemán. Linda tiene un trabajo. Tiene poco tiempo libre.

10

Robert habla un poco de español. Robert sólo sabe muy pocas palabras en español. Conozco muchas palabras en español. Hablo un poco de español. Esta mujer sabe muchas palabras en español. Habla bien el español.

11

Jorge trabaja en una agencia de empleo. Esta agencia de empleo está en Barcelona. Jorge tiene un coche. El coche de Jorge está en la calle. Jorge tiene

Bett. Nancys Hund ist auch im Zimmer.

6

In dem Auto ist ein Mann. Der Mann hat eine Karte. Die Karte des Mannes ist groß. Dieser Mann fährt viel Auto.

7

Ich bin Student. Ich habe viel Freizeit. Ich gehe zu einer Arbeitsvermittlung. Ich brauche einen guten Job.

8

Paul und Robert haben ein bisschen freie Zeit. Sie gehen auch zu der Arbeitsvermittlung. Paul hat einen Computer. Die Agentur wird ihm vielleicht eine gute Arbeit geben.

9

Linda hat einen neuen Herd. Lindas Herd ist gut und sauber. Linda macht Frühstück für ihre Kinder. Nancy und David sind Lindas Kinder. Lindas Kinder trinken viel Tee. Die Mutter trinkt ein bisschen Kaffee. Nancys Mutter kann nur ein paar Wörter auf Deutsch. Sie spricht sehr wenig Deutsch. Linda hat Arbeit. Sie hat wenig Freizeit.

10

Robert spricht wenig Spanisch. Er kennt nur sehr wenige spanische Wörter. Ich kenne viele spanische Wörter. Ich spreche ein bisschen Spanisch. Diese Frau kennt viele spanische Wörter. Sie spricht gut Spanisch.

11

Jorge arbeitet in einer Arbeitsvermittlung. Diese Arbeitsvermittlung ist in Barcelona. Jorge hat ein Auto. Jorges Auto steht auf

mucho trabajo. Tiene que ir a la agencia. Con el coche conduce hacia allí. Jorge llega a la agencia. Allí hay muchos estudiantes. Necesitan trabajo. El trabajo de Jorge es ayudar a los estudiantes.

12

Delante del hotel hay un coche. Las puertas del coche no están limpias.

13

En este hotel viven muchos estudiantes. Las habitaciones del hotel son pequeñas, pero limpias. Esta es la habitación de Robert. La ventana de la habitación es grande y limpia.

der Straße. Jorge hat viel Arbeit. Er muss in die Agentur gehen. Er fährt mit dem Auto dorthin. Jorge kommt in die Agentur. Dort sind viele Studenten. Sie brauchen Arbeit. Jorges Arbeit ist, den Studenten zu helfen.

12

Vor dem Hotel steht ein Auto. Die Türen des Autos sind nicht sauber.

13

In diesem Hotel wohnen viele Studenten. Die Zimmer des Hotels sind klein, aber sauber. Das ist Roberts Zimmer. Das Fenster des Zimmers ist groß und sauber.

7

David compra una bicicleta
David kauft ein Fahrrad

 A

Palabras
Vokabeln

1. abundante - reichlich, reichhaltig
2. agradable - schön, angenehm
3. autobús, bus - Autobus
4. bañera - Badewanne
5. bici, bicicleta - Fahrrad (bicicleta deportiva - Sportfahrrad)
6. cafetera - Kaffeemaschine
7. cara - Gesicht
8. casa - Haus (en casa - zu Hause, a casa - nach Hause)
9. centro - Zentrum (centro de la ciudad - Stadtzentrum)
10. cocina - Küche
11. cola - (Warte-)Schlange
12. con - mit
13. cuarto de baño - Badezimmer

14. de uno en uno - einer nach dem anderen, einzeln
15. deporte - Sport, deportivo - sportlich
16. despacho - Büro
17. después de - dann, danach
18. empresa - Firma
19. hoy - heute
20. lavadora - Waschmaschine
21. lavar - waschen
22. merienda - Snack
23. número - Nummer
24. pasar tiempo - Zeit verbringen
25. por la mañana - in der Früh
26. sábado - Samstag
27. salir - hinausgehen
28. tardar - brauchen (tardar mucho - lange dauern)
29. tetera - Teekessel
30. tienda de deportes - Sportladen
31. va (ir) - er/sie/es geht, er/sie/es fährt (gehen, fahren)

B

David compra una bicicleta

Es Sábado por la mañana. David va al cuarto de baño. El cuarto de baño no es grande. Allí hay una bañera, una lavadora y una mesa de baño. David se lava la cara. Después va a la cocina. Encima de la mesa de cocina hay una tetera. David desayuna. El desayuno de David no es abundante. Después prepara café con la cafetera y lo bebe. Hoy quiere ir a una tienda de deportes. David sale a la calle. Coge el bus número siete. No le toma mucho tiempo ir en autobús a la tienda.

David entra en la tienda de deportes. Quiere comprarse una bicicleta deportiva nueva. Hay muchas bicicletas deportivas. Son negras, azules y verdes. A David le gustan las bicicletas azules. Quiere comprar una azul. Hay cola en la tienda. David tarda mucho en comprar la bicicleta. Después sale a la calle y va

David kauft ein Fahrrad

Es ist Samstagmorgen. David geht ins Bad. Das Badezimmer ist nicht groß. Dort gibt es eine Badewanne, eine Waschmaschine und einen Badezimmertisch. David wäscht sich das Gesicht. Dann geht er in die Küche. Auf dem Küchentisch steht ein Teekessel. David frühstückt. Davids Frühstück ist nicht groß. Dann macht er Kaffee mit der Kaffeemaschine und trinkt ihn. Er will heute in ein Sportgeschäft. David geht auf die Straße. Er nimmt den Bus 7. David braucht nicht lange, um mit dem Bus zum Laden zu fahren.

David geht in das Sportgeschäft. Er will sich ein neues Sportfahrrad kaufen. Es gibt viele Sportfahrräder. Sie sind schwarz, blau und grün. David mag blaue Fahrräder, er will ein blaues kaufen. Im Laden ist eine Schlange. David braucht lange, um das Fahrrad zu kaufen. Dann geht er auf die Straße und fährt mit dem Fahrrad. Er fährt

en bici. Va al centro de la ciudad. Después va del centro al parque de la ciudad. ¡Es tan agradable ir en una bicicleta deportiva nueva!

Es Sábado por la mañana, pero Jorge está en su despacho. Hoy tiene mucho trabajo. Hay una cola delante de su despacho. Hay muchos estudiantes y trabajadores en la cola. Necesitan trabajo. De uno en uno pasan al despacho de Jorge. Hablan con Jorge. Después les da direcciones de empresas.

Es la hora de la merienda. Jorge prepara café con la cafetera. Come su merienda con café. Ya no queda ninguna cola delante de su despacho. Jorge puede irse a casa. Sale a la calle. ¡Hace un día tan bonito! Jorge se va a casa. Recoge a sus hijos y van al parque de la ciudad. Allí pasan un buen rato.

ins Stadtzentrum. Dann fährt er vom Zentrum in den Stadtpark. Es ist so schön, mit einem neuen Sportfahrrad zu fahren!

Es ist Samstagmorgen, aber Jorge ist in seinem Büro. Er hat heute viel zu tun. Vor Jorges Büro ist eine Schlange. In der Schlange stehen viele Studenten und Arbeiter. Sie brauchen Arbeit. Sie gehen einer nach dem anderen in Jorges Büro. Sie sprechen mit Jorge. Dann gibt er ihnen Adressen von Firmen.

Jetzt ist Zeit für einen Imbiss. Jorge macht Kaffee mit der Kaffeemaschine. Er isst seinen Imbiss und trinkt Kaffee. Jetzt ist keine Schlange mehr vor seinem Büro. Jorge kann nach Hause gehen. Er geht auf die Straße. Es ist so ein schöner Tag! Jorge geht nach Hause. Er holt seine Kinder ab und geht in den Stadtpark. Dort haben sie eine schöne Zeit.

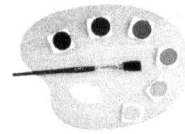

8

Linda quiere comprar un DVD nuevo

Linda will eine neue DVD kaufen

 A

Palabras

Vokabeln

1. caja - Kiste, Schachtel
2. cintas de video - Videokasette
3. cuáles - welche
4. dar las gracias - danke sagen
5. decir - sagen
6. dependiente, dependienta - Verkäufer, Verkäuferin
7. durar - dauern
8. DVD - DVD
9. e - und (vor Worten, die mit (h)i beginnen, sonst «y»)

10. enseñar - zeigen

11. favorito, favorita - Lieblings-, bevorzugt

12. grande - groß (más grande - größer, el/la más grande - der/die größte)

13. hora - Stunde

14. interesante - interessant

15. joven - jung

16. largo, larga - lang

17. más - mehr

18. mucho, mucha - viel

19. pedir - bitten

20. película - Film

21. película de aventura - Abenteuerfilm

22. que - als (más joven que - jünger als)

23. que - dass (Dice que esta película es interesante. - Sie sagt, dass dieser Film interessant ist.)

24. quince - fünfzehn

25. romántico - romantisch

26. simpático - sympathisch

27. taza - Tasse

28. tratar de - handeln von

29. veinte - zwanzig

30. videoclub - Videothek

 B

Linda quiere comprar un nuevo DVD

David y Nancy son los hijos de Linda. Nancy es la más joven. Tiene cinco años. David tiene quince años más que Nancy. Tiene veinte años. Nancy es mucho más joven que David.

Nancy, Linda y David están en la cocina. Beben té. La taza de Nancy es grande. La taza de Linda es más grande. La taza de David es la más grande.

Linda tiene muchas cintas de video y DVDs con películas interesantes. Quiere comprar una película nueva. Va a un videoclub. Allí hay muchas cajas con cintas de video y DVDs. Le pide ayuda a un dependiente de la tienda. El dependiente le da algunas películas a Linda. Linda quiere saber más sobre estas películas,

Linda will eine neue DVD kaufen

David und Nancy sind Lindas Kinder. Nancy ist die Jüngste. Sie ist fünf. David ist fünfzehn Jahre älter als Nancy. Er ist zwanzig. Nancy ist viel jünger als David.

Nancy, Linda und David sind in der Küche. Sie trinken Tee. Nancys Tasse ist groß. Lindas Tasse ist größer. Davids Tasse ist am größten.

Linda hat viele Videokassetten und DVDs mit interessanten Filmen. Sie will einen neueren Film kaufen. Sie geht in eine Videothek. Dort sind viele Kisten mit Videokassetten und DVDs. Sie bittet einen Verkäufer, ihr zu helfen. Der Verkäufer gibt Linda ein paar Filme. Linda will mehr über diese Filme wissen,

pero el dependiente se va.

Hay otra dependienta en la tienda y es más simpática. Pregunta a Linda cuáles son sus películas favoritas. A Linda le gustan las películas románticas y las películas de aventura. Su película favorita es «Titanic». La dependienta le enseña a Linda una DVD con la película más nueva de Hollywood «El amigo español». Trata de las aventuras románticas de un hombre y una mujer joven en España. También le enseña a Linda el DVD de la película «La Tapadera». La dependienta dice que la película «La Tapadera» es una de las películas más interesantes. Y también es una de las más largas. Dura más de tres horas. A Linda le gustan las películas largas. Linda dice que «Titanic» es la película más larga e interesante que tiene. Linda compra el DVD de la película «La Tapadera». Le da las gracias a la dependienta y se va.

aber der Verkäufer geht weg.

Es gibt eine andere Verkäuferin im Laden und sie ist freundlicher. Sie fragt Linda nach ihren Lieblingsfilmen. Linda mag romantische Filme und Abenteuerfilme. Der Film „Titanic" ist ihr Lieblingsfilm. Die Verkäuferin zeigt Linda eine DVD mit dem neusten Hollywoodfilm „Der spanische Freund". Er handelt von den romantischen Abenteuern eines Mannes und einer jungen Frau in Spanien. Sie zeigt Linda auch eine DVD mit dem Film „Die Firma". Die Verkäuferin sagt, dass der Film „Die Firma" einer der interessantesten Filme ist. Und auch einer der längsten. Er dauert mehr als drei Stunden. Linda mag längere Filme. Sie sagt, dass „Titanic" der interessanteste und der längste Film ist, den sie hat. Linda kauft die DVD mit dem Film „Die Firma". Sie bedankt sich bei der Verkäuferin und geht.

9

Paul escucha música alemana

Paul hört deutsche Musik

A

Palabras

Vokabeln

1. alrededor de - etwa; ringsherum
2. amigo, amiga - Freund, Freundin
3. Ángela (nombre) - Angela (Name)
4. bolso - Tasche
5. cada - jede, jeder, jedes
6. cantar - singen
7. cantante - Sänger
8. cerca - nahe
9. correr - laufen
10. delante de - vor

11. día - Tag
12. expresar - ausdrücken
13. familia - Familie
14. fuera de servicio - außer Betrieb
15. lejos - weit
16. llamada - Anruf
17. llamar - rufen, llamar por teléfono - anrufen
18. llevar - tragen
19. locutorio - Callcenter
20. mantequilla - butter
21. minuto - Minute
22. muy - sehr
23. ni puede expresar - er/sie/es kann nicht einmal ausdrücken
24. nombrar - nennen
25. residencia de estudiantes - Studentenwohnheim
26. ponerse a - beginnen zu
27. porque - weil
28. saltar - springen, salto - Sprung
29. sencillo - einfach
30. sombrero - Hut
31. teléfono - Telefon
32. todos - jeder
33. untar - bestreichen, schmieren
34. vergüenza - Scham
35. vestido - Kleid

B

Paul escucha música alemana

Carol es estudiante. Tiene veinte años. Carol es de Estados Unidos. Vive en la residencia de estudiantes. Es una chica muy simpática. Carol lleva un vestido azul. En la cabeza lleva un sombrero.

Hoy Carol quiere llamar a su familia. Va a un locutorio, porque su teléfono está fuera de servicio. El locutorio está delante de la cafetería. Carol llama a su familia. Habla con su madre y con su padre. La llamada dura alrededor de cinco minutos. Después llama a su amiga Ángela. Esta llamada dura alrededor de tres minutos.

Paul hört deutsche Musik

Carol ist Studentin. Sie ist zwanzig. Carol kommt aus den USA. Sie wohnt im Studentenwohnheim. Sie ist ein sehr nettes Mädchen. Carol hat ein blaues Kleid an. Auf dem Kopf hat sie einen Hut.

Carol will heute ihre Familie anrufen. Sie geht ins Callcenter, weil ihr Telefon außer Betrieb ist. Das Callcenter ist vor dem Café. Carol ruft ihre Familie an. Sie spricht mit ihrer Mutter und ihrem Vater. Der Anruf dauert etwa fünf Minuten. Dann ruft sie ihre Freundin Angela an. Dieser Anruf dauert etwa drei Minuten.

A Robert le gusta el deporte. Cada mañana va a correr en el parque cerca de la residencia. Hoy también va a correr. También salta. Salta muy lejos. Paul y David corren y saltan con Robert. David salta más lejos que Robert. Paul salta lo más lejos. Paul es quien mejor salta de todos. Después Robert y Paul corren hacia la residencia y David corre a casa.

Robert desayuna en su habitación. Coge pan y mantequilla. Prepara café con la cafetera. Después unta el pan con la mantequilla y lo come.

Robert vive en una residencia de estudiantes en Barcelona. Su habitación está cerca de la habitación de Paul. La habitación de Robert no es grande. Es limpia, porque Robert la limpia cada día. En su habitación hay una mesa, una cama, algunas sillas y algunos otros muebles. Los libros y cuadernos de Robert están encima de la mesa. Su bolso está debajo de la mesa. Las sillas están al lado de la mesa. Robert coge algunos CDs, y con los CDs en la mano va a la habitación de Paul, porque Paul quiere escuchar música alemana.

Paul está sentado en la mesa en su habitación. Su gato está debajo de la mesa. Delante del gato hay un poco de pan. El gato come el pan. Robert le da los CDs a Paul. En los CDs hay la mejor música alemana. Paul también quiere saber los nombres de los cantantes alemanes. Robert le dice los nombres de sus cantantes favoritos. Nombra a Jan Delay, Nena y Herbert Grönemeyer. Estos nombres son nuevos para Paul.

Escucha los CDs y después ¡comienza a cantar las canciones alemanas! Las canciones le gustan mucho. Paul le pide a

Robert mag Sport. Er geht jeden Morgen im Park in der Nähe des Studentenwohnheims joggen. Heute läuft er auch. Er springt auch. Er springt sehr weit. Paul und David laufen und springen mit Robert. David springt weiter. Paul springt am weitesten. Er springt am besten von allen. Dann laufen Robert und Paul zum Studentenwohnheim und David nach Hause.

Robert frühstückt in seinem Zimmer. Er holt Brot und Butter. Er macht Kaffee mit der Kaffeemaschine. Dann bestreicht er das Brot mit Butter und isst.

Robert wohnt im Studentenwohnheim in Barcelona. Sein Zimmer ist in der Nähe von Pauls Zimmer. Roberts Zimmer ist nicht groß. Es ist sauber, weil Robert es jeden Tag sauber macht. In seinem Zimmer stehen ein Tisch, ein Bett, ein paar Stühle und ein paar andere Möbel. Roberts Bücher und Notizbücher liegen auf dem Tisch. Seine Tasche ist unter dem Tisch. Die Stühle stehen beim Tisch. Robert nimmt ein paar CDs in die Hand und geht zu Pauls Zimmer, weil Paul deutsche Musik hören will.

Paul sitzt in seinem Zimmer am Tisch. Seine Katze ist unter dem Tisch. Vor der Katze liegt etwas Brot. Die Katze isst das Brot. Robert gibt Paul die CDs. Auf den CDs ist die beste deutsche Musik. Paul will auch die Namen der deutschen Sänger wissen. Robert nennt seine Lieblingssänger. Er nennt Jan Delay, Nena und Herbert Grönemeyer. Diese Namen sind Paul neu.

Er hört die CDs an und beginnt dann, die deutschen Lieder zu singen! Ihm gefallen die Lieder sehr. Paul bittet Robert, den Text der Lieder aufzuschreiben. Robert

Robert que escriba las letras de las canciones. Robert escribe las letras de las mejores canciones alemanas para Paul. Paul dice que quiere aprender las letras de algunas canciones y le pide ayuda a Robert. Robert ayuda a Paul a aprender las letras en alemán. Tardan mucho porque Robert no habla bien el español. A Robert le da vergüenza. ¡Ni puede expresar las cosas más sencillas! Después Robert va a su habitación y se pone a estudiar español.

schreibt die Texte der besten deutschen Lieder für Paul auf. Paul sagt, dass er die Texte von ein paar Liedern lernen will, und bittet Robert um Hilfe. Robert hilft Paul, die deutschen Texte zu lernen. Es dauert sehr lange, weil Robert nicht gut Spanisch spricht. Robert schämt sich. Er kann nicht einmal ein paar einfache Sätze sagen! Dann geht Robert in sein Zimmer und lernt Spanisch.

10

Paul compra libros especializados en diseño
Paul kauft Fachbücher über Design

A

Palabras
Vokabeln

1. acercarse - auf jemanden zugehen
2. adiós - auf Wiedersehen, Tschüß
3. bien - gut
4. cercano, cercana - nahe
5. cincuenta y dos - zweiundfünfzig
6. costar - kosten
7. diseño - Design
8. elegir - auswählen
9. ejercicio, ejercicios - Übung, Übungen
10. estudiar - studieren
11. euro - Euro

12. explicar - erklären
13. fotografía - Fotografie
14. hola - hallo
15. incluir - inkludieren
16. italiano, italiana - Italiener, Italienerin
17. lengua - Sprache, lengua materna - Muttersprache
18. libro especializado - Fachbuch
19. mirar - schauen
20. mucho - sehr
21. noventa y cinco - fünfundneunzig
22. pagar - zahlen
23. preguntar - fragen
24. programa - Programm
25. rojo - rot
26. sobre - über; auf
27. sólo - nur
28. tipo - Art
29. universidad - Universität
30. valer - kosten
31. ver - sehen

B

Paul compra libros especializados en diseño

Paul es canadiense y su lengua materna es inglés. Estudia diseño en la universidad en Barcelona. Hoy es Sábado y Paul tiene mucho tiempo libre. Quiere comprar algunos libros sobre diseño. Va a una librería cercana. Allí podría haber libros especializados en diseño. Entra en la tienda y mira los libros que hay encima de una mesa. Una mujer se acerca a Paul. Es la dependienta.

-Hola, ¿le puedo ayudar? -le pregunta la dependienta.

-Hola -dice Paul-, soy estudiante de diseño en la universidad. Necesito algunos libros especializados. ¿Tiene algunos libros especializados en diseño? -le pregunta.

-¿Qué tipo de diseño? Tenemos libros especializados en diseño de muebles, de

Paul kauft Fachbücher über Design

Paul ist Kanadier und seine Muttersprache ist Englisch. Er studiert Design an der Universität in Barcelona.

Heute ist Samstag und Paul hat viel Freizeit. Er will ein paar Bücher über Design kaufen. Er geht zum Buchladen in der Nähe. Der könnte Fachbücher über Design haben. Er kommt in den Laden und betrachtet den Tisch mit Büchern. Eine Frau kommt zu Paul. Sie ist eine Verkäuferin.

„Hallo, kann ich Ihnen helfen?", fragt ihn die Verkäuferin.

„Hallo", sagt Paul. „Ich studiere Design an der Universität. Ich brauche ein paar Fachbücher. Haben Sie irgendwelche Fachbücher über Design?", fragt Paul.

„Welche Art von Design? Wir haben Fachbücher über Möbeldesign,

coches, diseño deportivo o de aplicaciones informáticas -le explica la dependienta.

-¿Me puede enseñar los libros sobre diseño de muebles y sobre las aplicaciones informáticas? -le pregunta Paul.

-Puede elegir entre los libros encima de estas meses. Mírelos. Este es un libro de Palatino, un diseñador de muebles italiano. Este diseñador explica el diseño de muebles italianos. También explica el diseño de muebles europeos y estadounidenses. En el libro hay algunas fotografías muy buenas -le explica la dependienta.

-Veo que el libro también incluye ejercicios. Este libro es muy bueno. ¿Cuánto cuesta? -le pregunta Paul.

-Cuesta cincuenta y dos euros. El libro incluye un CD. Se trata de un programa informático para el diseño de muebles -dice la dependienta.

-Me gusta mucho -dice Paul.

-Allí puede ver algunos libros especializado en el diseño de aplicaciones informáticas -le explica la mujer-. Este libro trata del programa Microsoft Office. Y estos libros tratan del programa Flash. Mire el libro rojo. Trata de Flash e incluye algunas lecciones interesantes. Ahora puede elegir.

-¿Cuánto cuesta el libro rojo? -le pregunta Paul.

-Este libro con dos CDs sólo cuesta cuarenta y tres euros -dice la dependienta.

-Quiero comprar el libro de Palatino sobre el diseño de muebles y el libro rojo

Autodesign, Sportdesign oder Internetdesign", erklärt sie ihm.

„Können Sie mir Fachbücher über Möbeldesign und Internetdesign zeigen?", fragt Paul.

„Sie können sich Bücher von den nächsten Tischen aussuchen. Schauen Sie sie sich an. Dies ist ein Buch von dem italienischen Möbeldesigner Palatino. Dieser Designer erklärt das Design italienischer Möbel. Er erklärt auch europäisches und amerikanisches Möbeldesign. In dem Buch sind einige gute Bilder", erklärt die Verkäuferin.

„Ich sehe, dass das Buch auch Aufgaben enthält. Dieses Buch ist wirklich gut. Wie viel kostet es?", fragt Paul.

„Es kostet zweiundfünfzig Euro. Und mit dem Buch kommt eine CD. Auf der CD ist ein Computerprogramm für Möbeldesign", sagt die Verkäuferin.

„Das gefällt mir wirklich", sagt Paul.

„Dort können Sie sich ein paar Fachbücher über Internetdesign anschauen", erklärt ihm die Frau. „Dieses Buch ist über das Computerprogramm Microsoft Office. Und diese Bücher sind über das Computerprogramm Flash. Schauen Sie sich dieses rote Buch an. Es ist über Flash und es enthält einige interessante Lektionen. Suchen Sie sich eins aus."

„Wie viel kostet das rote Buch?", fragt Paul.

„Dieses Buch mit zwei CDs kostet nur dreiundvierzig Euro", sagt die Verkäuferin.

„Ich möchte das Buch von Palatino über Möbeldesign und das rote Buch über

sobre Flash. ¿Cuánto valen? -pregunta Paul.

-Los dos libros cuestan noventa y cinco euros -dice la dependienta.

Paul paga. Después coge los libros y los CDs.

-Adiós -le dice la dependienta.

-Adiós -dice Paul y se va.

Flash kaufen. Wie viel muss ich dafür zahlen?", fragt Paul.

„Sie müssen fünfundneunzig Euro für diese zwei Bücher zahlen", sagt die Verkäuferin.

Paul zahlt. Dann nimmt er die Bücher und die CDs.

„Tschüss", sagt die Verkäuferin zu ihm.

„Tschüss", sagt Paul und geht.

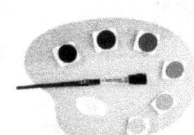

11

Robert quiere ganar un poco de dinero

Robert will ein bisschen Geld verdienen

A

Palabras

Vokabeln

1. admitir - zugeben
2. caja - Kiste
3. camión - Lastwagen
4. cargar - laden
5. cargador - Verlader
6. clase - Unterrichtsstunde
7. contestar - antworten
8. continuará - Fortsetzung folgt
9. dar - geben
10. de acuerdo - einverstanden

11. departamento - Abteilung (departamento de recursos humanos - Personalabteilung)

12. dinero - Geld

13. dirigirse - sich begeben

14. duro - hart

15. empresa de transporte - Transportfirma

17. energía - Energie

18. entender - verstehen

19. ganar - verdienen

20. hoja - Zettel, Papier

21. hora - Stunde (cinco euros por hora - fünf Euros pro Stunde)

22. jefe, jefa - Chef, Chefin

23. lista - Liste

24. mejor - besser

25. mercancía - Ware

26. normalmente - normalerweise

27. número - Nummer

28. once - elf

29. optar por - sich entscheiden für, wählen

30. pero - aber

31. puerta - Tür

32. rápido - schnell

33. realmente - wirklich

34. tarde - Nachmittag; spät

35. transporte - Transport

Robert quiere ganar un poco de dinero (primera parte)

Cada día, después de la universidad, Robert tiene la tarde libre. Quiere ganar un poco de dinero. Va a una agencia de empleo. La dan la dirección de una empresa de transporte. La empresa de transporte Rapid necesita un cargador. El trabajo es realmente duro. Pero pagan once euros por hora. Robert quiere coger el trabajo. Así que se dirige al despacho de la empresa de transporte.

-Hola. En la agencia de empleo me han dado una hoja para entregársela -le dice Robert a una mujer del departamento de recursos humanos de la empresa. Le

Robert will ein bisschen Geld verdienen (Teil 1)

Robert hat jeden Tag nach der Universität freie Zeit. Er will ein bisschen Geld verdienen. Er geht in eine Arbeitsvermittlung. Sie geben ihm die Adresse einer Transportfirma. Die Transportfirma Rapid braucht einen Verlader. Diese Arbeit ist wirklich schwer. Aber sie bezahlen elf Euro pro Stunde. Robert will den Job annehmen. Also geht er zum Büro der Transportfirma.

„Hallo. Ich habe eine Notiz für Sie von einer Arbeitsvermittlung", sagt Robert zu einer Frau in der Personalabteilung der Firma. Er gibt ihr die Notiz.

da la hoja.

-Hola -dice la mujer-. Soy Margaret Bird. Soy la jefa del departamento de recursos humanos. ¿Cómo se llama?

-Me llamo Robert Genscher -dice Robert.

-¿Es español? -pregunta Maragaret.

-No, soy alemán -responde Robert.

-Puede hablar y escribir bien en español? -le pregunta.

-Sí -contesta Robert.

-¿Cuántos años tiene? -le pregunta.

-Tengo veinte años -contesta Robert.

-¿Quiere trabajar como cargador en esta empresa de transporte? -le pregunta la jefa del departamento de recursos humanos.

A Robert le da vergüenza admitir que no puede optar por ningún trabajo mejor, ya que no habla bien el español. Así que le dice: -Quiero ganar once euros por hora.

-Pues bien -dice Margaret-. Normalmente no tenemos que cargar muchas mercancías, pero ahora mismo necesitamos un cargador. ¿Puede cargar rápido cajas de veinte kilos?

-Sí, puedo hacerlo. Tengo mucha energía -responde Robert.

-Necesitamos un cargador para tres horas al día. ¿Puede trabajar de cuatro a siete? -pregunta la jefa.

-Sí, mis clases terminan a la una -responde el estudiante.

-¿Cuándo podría empezar a trabajar? -le pregunta la jefa del departamento de

„Hallo", sagt die Frau. „Ich bin Margaret Bird. Ich bin die Leiterin der Personalabteilung. Wie heißen Sie?"

„Ich heiße Robert Genscher", sagt Robert.

„Sind Sie Spanier?", fragt Margaret.

„Nein, ich bin Deutscher", antwortet Robert.

„Können Sie gut Spanisch sprechen und schreiben?", fragt sie.

„Ja", sagt er.

„Wie alt sind Sie?", fragt sie.

„Ich bin zwanzig", antwortet Robert.

„Wollen Sie in der Transportfirma als Verlader arbeiten?", fragt ihn die Leiterin der Personalabteilung.

Robert schämt sich, zu sagen, dass er keine bessere Arbeit haben kann, weil er nicht gut Spanisch spricht. Deswegen sagt er: „Ich möchte elf Euro pro Stunde verdienen."

„Na gut", sagt Margaret. „Normalerweise hat unsere Transportfirma nicht viel Verladearbeit. Aber gerade brauchen wir wirklich noch einen Verlader. Können Sie schnell Kisten mit zwanzig Kilogramm Ladung verladen?"

„Ja, das kann ich. Ich habe viel Energie", antwortet Robert.

„Wir brauchen einen Verlader für drei Stunden täglich. Können Sie von vier bis sieben Uhr arbeiten?", fragt sie.

„Ja, mein Unterricht endet um ein Uhr", antwortet der Student.

„Wann können Sie anfangen, zu arbeiten?", fragt ihn die Leiterin der Personalabteilung.

recursos humanos. -Podría empezar ahora mismo -responde Robert.

-Bien. Mire esta lista de carga. Hay los nombres de empresas y tiendas apuntados -explica Margaret-. Al lado de cada empresa y de cada tienda hay algunos números. Estos son los números de las cajas. Y estos son los números de los camiones, en los que tiene que cargar las cajas. Cada hora entran y salen camiones. Así que tiene que trabajar rápido. ¿De acuerdo?

-De acuerdo -contesta Robert, sin haber entendido muy bien a Margaret.

-Ahora tome esta lista de carga y ve a la puerta de carga número tres -dice la jefa del departamento de recursos humanos a Robert. Robert coge la lista de carga y se va a trabajar.

(continuará)

„Ich kann jetzt anfangen", erwidert Robert.

„Gut. Schauen Sie sich diese Ladeliste an. Dort stehen Namen von Firmen und Läden", erklärt Margaret. „Bei jeder Firma und jedem Laden stehen ein paar Nummern. Das sind die Nummern der Kisten. Und das sind die Nummern der Lastwägen, auf die Sie die Kisten laden müssen. Die Lastwägen kommen und gehen stündlich. Sie müssen also schnell arbeiten. Alles klar?"

„Alles klar", antwortet Robert, ohne Margaret richtig zu verstehen.

„Nehmen Sie jetzt diese Ladeliste und gehen Sie zur Ladetür Nummer drei", sagt die Leiterin der Personalabteilung zu Robert. Robert nimmt die Ladeliste und geht arbeiten.

(Fortsetzung folgt)

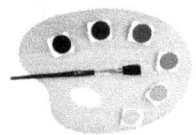

12

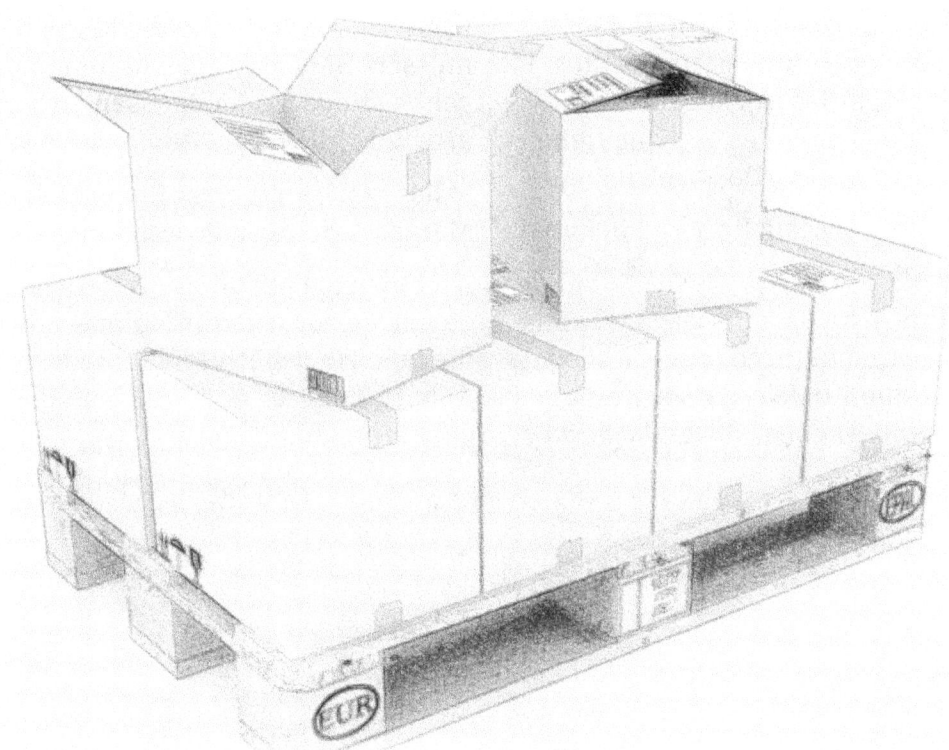

Robert quiere ganar un poco de dinero (segunda parte)

Robert will ein bisschen Geld verdienen (Teil 2)

 A

Palabras
Vokabeln

1. cincuenta y cinco - fünfundfünfzig
2. conducir - fahren
3. conductor - Fahrer
4. conocer - kennen lernen
5. correcto - korrekt, incorrecto - inkorrekt
6. devolver - zurückbringen
7. equivocarse - sich irren

8. es hora de - es wird Zeit
9. en lugar de - anstatt
10. encantado - erfreut
11. encantado de conocerle - es freut mich Sie kennenzulernen
12. igualmente - gleichfalls
13. jefa del departamento - Abteilungsleiterin
14. jefe de la empresa - Firmenchef
15. levantarse - aufstehen
16. lunes - Montag
17. mal - schlecht
18. ¿por qué? - warum
19. profesor, profesora - Professor, Professorin
20. odiar - hassen
21. razón - Grund
22. rector de la universidad - Rektor einer Universität
23. seguir - weitermachen
24. sentir (lo siento) - bedauern (es tut mir leid)
25. volver - zurückkehren, umkehren

B

Robert quiere ganar un poco de dinero (segunda parte)

En la puerta de carga número tres hay muchos camiones. Están volviendo con su carga. La jefa del departamento de recursos humanos y el jefe de la empresa se dirigen hacia allí. Se acercan a Robert. Robert está cargando un camión con cajas. Está trabajando rápidamente.

-¡Oye, Robert! ¡Ven aquí, por favor! -grita Margaret-. Te presento al jefe de la empresa, Señor Profit.

-Encantado de conocerle -dice Robert, acercándose a ellos.

-Igualmente -dice el Señor Profit-, ¿Dónde está su lista de carga?

-Aquí está -Robert le da la lista de carga.

-Bueno -dice el Señor Profit, mientras

Robert will ein bisschen Geld verdienen (Teil 2)

An der Ladetür Nummer 3 stehen viele Lastwagen. Sie kommen mit ihrer Ladung zurück. Die Leiterin der Personalabteilung und der Firmenchef kommen dorthin. Sie gehen zu Robert. Robert lädt Kisten in einen Lastwagen. Er arbeitet schnell.

„Hey Robert! Komm bitte hierher!", ruft Margaret. „Das ist der Chef der Firma, Herr Profit."

„Es freut mich, Sie kennenzulernen", sagt Robert auf sie zugehend.

„Mich auch", antwortet Hr. Profit. „Wo ist Ihre Ladeliste?"

„Hier ist sie." Robert gibt ihm die Ladeliste.

„Na gut", sagt Hr. Profit, während er auf die Liste schaut. „Sehen Sie diese Lastwagen? Sie bringen ihre Fracht zurück, weil Sie die

mira la lista-. ¿Ve estos camiones? Están devolviendo su carga porque se ha equivocado al cargar las cajas. Las cajas con libros iban a una tienda de muebles en lugar de una librería, las cajas con vídeos y DVDs iban a una cafetería en lugar de un videoclub y las cajas con bocadillos iban a un videoclub en lugar de una cafetería. ¡Ha hecho un mal trabajo! Lo siento, pero no puede seguir trabajando en esta empresa -dice el Señor Profit y vuelve a su despacho.

Robert se ha equivocado al cargar las cajas porque no puede leer ni entender muy bien el español. Margaret le mira. A Robert le da vergüenza.

-Robert, puedes mejorar tu español y después podrás volver a trabajar aquí, ¿vale? -dice Margaret.

-Vale -contesta Robert-. Adiós, Margaret.

-Adiós, Robert -contesta Margaret.

Robert vuelve a su casa. Ahora quiere mejorar su español y después quiere buscarse un trabajo nuevo.

Es hora de ir a la Universidad

Un lunes por la mañana la madre entra en la habitación para despertar a su hijo.

-Levántate, son las siente. ¡Es hora de ir a la universidad!

-Pero, ¿por qué? No quiero ir.

-Dime dos razones por las cuáles no quieres ir -le dice la madre a su hijo.

-¡Los estudiantes me odian y los profesores también!

-Oh, estas no son razones para no ir a la universidad. ¡Levántate!

Kisten falsch verladen haben. Die Kisten mit Büchern werden zu einem Möbelladen gebracht anstelle eines Buchladens, die Kisten mit Videos und DVDs zu einem Café anstelle einer Videothek und die Kisten mit Sandwiches zu einer Videothek anstelle eines Cafés! Das ist schlechte Arbeit! Es tut mir leid, aber Sie können nicht in unserer Firma arbeiten", sagt Hr. Profit und geht zurück in sein Büro.

Robert kann die Kisten nicht richtig verladen, weil er nur sehr wenig Spanisch lesen und verstehen kann. Margaret sieht ihn an. Robert schämt sich.

„Robert, du kannst dein Spanisch verbessern und dann wiederkommen, ok?", sagt Margaret.

„Ok", antwortet Robert. „Tschüss Margaret."

„Tschüss Robert", antwortet Margaret.

Robert geht nach Hause. Er will jetzt sein Spanisch verbessern und sich dann eine neue Arbeit suchen.

Es ist an der Zeit, in die Uni zu gehen

An einem Montagmorgen kommt eine Mutter ins Zimmer, um ihren Sohn aufzuwecken.

„Steh auf, es ist sieben Uhr. Es ist an der Zeit, in die Uni zu gehen!"

„Aber warum, Mama? Ich will nicht gehen."

„Nenne mir zwei Gründe, warum du nicht gehen willst", sagt die Mutter zu ihrem Sohn.

„Die Studenten hassen mich und die Lehrer auch!"

„Oh, das sind keine Gründe, um nicht in die

-Bueno. Dime dos razones por las cuáles tengo que ir a la universidad -le dice el hijo a su madre.

-Pues, primero porque tienes cincuenta y cinco años. ¡Y segundo porque eres el rector de la universidad! ¡Levántate ya!

„Ok. Nenn mir zwei Gründe, warum ich in die Uni muss", sagt er zu seiner Mutter.

„Gut, einerseits, weil du fünfundfünzig Jahre alt bist. Und andererseits, weil du der Direktor der Universität bist! Steh jetzt auf!"

Fortgeschrittene Anfänger Stufe A2

13

El nombre del hotel

Der Name des Hotels

 A

Palabras

1. abajo - unten
2. abrir - öffnen
3. apuntar - aufschreiben, notieren
4. ascensor - Aufzug
5. atravesar - durchgehen, durchqueren
6. anuncio - Werbung
7. bajar - hinunterfahren
8. cansado, cansada - müde
9. cruzar - kreuzen, überqueren
10. dar la vuelta - herumgehen, umrunden
11. dormir - schlafen
12. edificio, edificios - Gebäude (Sg./Pl.)
13. encontrar - finden
14. enfadado, enfadada - wütend
15. Kasper (nombre) - Kasper (Name)
16. lago - See
17. mostrar - zeigen
18. noche - Nacht
19. otra vez - wieder
20. otro, otra - ein anderer, eine andere

21. parar - aufhalten
22. pararse - anhalten, stehen bleiben
23. pasar por - durchgehen
24. pasillo - Gang
25. pie - Fuß; a pie - zu Fuß
26. Polonia - Polen
27. puente - Brücke
28. redondo, redonda - rund

29. sonrisa - Lächeln; sonreir - lächeln
30. sorprendido, sorprendida - überrascht
31. tarde - Nachmittag, Abend
32. taxi - Taxi
33. taxista - Taxifahrer
34. tonto - dumm
35. vestíbulo - Eingangshalle
36. ya - schon

B

El nombre del hotel

Este es un estudiante. Se llama Kasper. Kasper es de Polonia. No sabe hablar español. Quiere aprender español en una universidad de España. Ahora Kasper vive en un hotel en Barcelona. Ahora mismo está en la habitación. Está mirando el mapa. El mapa es muy bueno. Kasper puede ver calles, plazas y tiendas en el mapa. Sale de la habitación y pasa por un pasillo largo hasta llegar al ascensor. Con el ascensor baja hacia abajo. Kasper atraviesa el vestíbulo y sale del hotel. Se para cerca del hotel y apunta el nombre del hotel en su cuaderno.

Cerca del hotel hay una plaza redonda y un lago. Kasper cruza la plaza para llegar al lago. Da la vuelta al lago y se acerca a un puente. Muchos coches, camiones y personas cruzan el puente. Kasper cruza debajo del puente. Después sigue una calle que le lleva al centro de la ciudad. Pasa por delante de muchos edificios bonitos.

Ya se ha hecho tarde. Kasper está cansado y quiere volver al hotel. Para un taxi, abre su cuaderno y le enseña el nombre del hotel al taxista. El taxista mira lo que pone en el cuaderno, sonríe y se va. Kasper no

Der Name des Hotels

Das ist ein Student. Er heißt Kasper. Kasper kommt aus Polen. Er spricht kein Spanisch. Er will an einer Universität in Spanien Spanisch lernen. Kasper wohnt zurzeit in einem Hotel in Barcelona.

Gerade ist er in seinem Zimmer. Er schaut auf die Karte. Diese Karte ist sehr gut. Kasper sieht Straßen, Plätze und Läden auf der Karte. Er geht aus dem Zimmer und durch den langen Gang zum Aufzug. Der Aufzug bringt ihn nach unten. Kasper geht durch die große Halle und aus dem Hotel. Er hält in der Nähe des Hotels an und schreibt den Namen des Hotels in sein Notizbuch.

Beim Hotel gibt es einen runden Platz und einen See. Kasper geht über den Platz zum See. Er geht um den See zur Brücke. Viele Autos, Lastwägen und Menschen überqueren die Brücke. Kasper geht unter der Brücke hindurch. Dann geht er eine Straße entlang zum Stadtzentrum. Er geht an vielen schönen Gebäuden vorbei.

Es ist schon Abend. Kasper ist müde und will zurück ins Hotel gehen. Er hält ein Taxi an, öffnet dann sein Notizbuch und zeigt dem Taxifahrer den Namen des Hotels. Der Taxifahrer schaut in das Notizbuch, lächelt und fährt weg. Kasper versteht nichts. Er steht da

entiende nada. Se detiene y mira lo que pone en su cuaderno. Después para otro taxi y también le enseña el nombre del hotel al taxista. El taxista mira lo que pone en el cuaderno. Después mira a Kasper, sonríe y también se va.

Kasper está sorprendido. Para otro taxi. Pero este taxista también se va. Kasper no lo puede entender. Está sorprendido y enfadado. Pero no es tonto. Abre su mapa y busca el camino hacia el hotel. Vuelve al hotel a pie.

Es de noche. Kasper está en la cama. Está durmiendo. La luz de las estrellas entra por la ventana en la habitación. El cuaderno está encima de la mesa. Está abierto. «Ford es el mejor coche.» Esto no es el nombre del hotel. Es un anuncio en la fachada del hotel.

und schaut in sein Notizbuch. Dann hält er ein anderes Taxi an und zeigt dem Taxifahrer wieder den Namen des Hotels. Der Fahrer schaut in das Notizbuch. Dann schaut er Kasper an, lächelt und fährt auch weg.

Kasper ist verwundert. Er hält ein anderes Taxi an. Aber auch dieser Taxifahrer fährt weg. Kasper kann das nicht verstehen. Er ist verwundert und wütend. Aber er ist nicht dumm. Er öffnet seine Karte und findet den Weg zum Hotel. Er kehrt zu Fuß zum Hotel zurück.

Es ist Nacht. Kasper ist in seinem Bett. Er schläft. Die Sterne schauen durch das Fenster ins Zimmer. Das Notizbuch liegt auf dem Tisch. Es ist offen. „Ford ist das beste Auto". Das ist nicht der Name des Hotels. Das ist Werbung am Hotelgebäude.

14

Aspirina

Aspirin

 A

Palabras

1. aprobar - bestehen (aprobar un examen - die Prüfung bestehen)
2. aspirina - Aspirin
3. blanco, blanca - weiss
4. clase - Klassenzimmer
5. cristal - Kristall
6. cumplir - erfüllen
7. comenzar - anfangen
8. comprimido - Tablette
9. diez - zehn
10. enunciado - Angabe
11. examen - Prüfung
12. farmacia - Apotheke
13. francés - Französisch
14. gris - grau
15. hoja de instrucciones - Beipackzettel
16. inteligente - intelligent
17. intentar - versuchen
18. listo - schlau
19. magnifico, magnifica - großartig, herrlich
20. maloliente - stinkend

21. maravilloso - wunderbar
22. medio, media - halb
23. para - für
24. pausa - Pause
25. pensar - denken
26. producir - herstellen
27. productos químicos - Chemikalien
28. química - Chemie
29. químico - chemisch
30. rato - Weile
31. reloj - Uhr
32. solución - Lösung
33. tarea - Aufgabe
34. terminar - beenden
35. tratar - versuchen

 **B**

Aspirina

Este es un amigo de Robert. Se llama Paul. Es de Canadá. Su lengua materna es inglés. También habla muy bien francés. Paul vive en una residencia de estudiantes. Ahora mismo Paul está en su habitación. Hoy Paul tiene un examen de química. Mira su reloj. Son las ocho. Es la hora de irse.

Paul sale fuera. Va a la universidad. La universidad está cerca de la residencia. Necesita alrededor de diez minutos para llegar a la universidad. Paul llega a la clase. Abre la puerta y mira la clase. Hay algunos estudiantes y el profesor. Paul entra en la clase.

-Hola -dice.

-Hola -contestan el profesor y los estudiantes.

Paul va a su mesa y se sienta. El examen comienza a las ocho y media. El profesor se acerca a la mesa de Paul.

-Esta es tu tarea -dice el profesor. Después le da la hoja con el enunciado a Paul. -Tienes que producir aspirina. Puedes trabajar de ocho y media hasta las doce. Puedes comenzar -dice el profesor.

Aspirin

Das ist ein Freund von Robert. Er heißt Paul. Paul kommt aus Kanada. Seine Muttersprache ist Englisch. Er spricht auch sehr gut Französisch. Paul wohnt im Studentenwohnheim. Paul ist gerade in seinem Zimmer. Paul hat heute eine Prüfung in Chemie. Er schaut auf die Uhr. Es ist acht Uhr. Es ist an der Zeit, zu gehen.

Paul geht nach draußen. Er geht zur Universität. Die Uni ist in der Nähe des Wohnheims. Er braucht etwa zehn Minuten bis zur Uni. Paul kommt zum Klassenzimmer. Er öffnet die Tür und schaut ins Klassenzimmer. Einige Studenten und der Lehrer sind da. Paul betritt das Klassenzimmer.

„Hallo", sagt er.

„Hallo", antworten der Lehrer und die Studenten.

Paul geht zu seinem Schreibtisch und setzt sich hin. Die Prüfung beginnt um halb neun. Der Lehrer kommt zu Pauls Tisch.

„Hier ist deine Aufgabe", sagt der Lehrer. Dann gibt er Paul ein Blatt Papier mit der Aufgabe. „Du musst Aspirin herstellen. Du kannst von halb neun bis zwölf Uhr arbeiten. Fang bitte

Paul sabe cómo cumplir la tarea. Coge algunos productos químicos y comienza. Trabaja durante diez minutos. Al final obtiene algo gris y maloliente. No es buena aspirina. Paul sabe que tiene que obtener cristales grandes y blancos de aspirina. Lo vuelve a intentar una y otra vez. Paul trabaja durante una hora, pero el resultado final siempre es gris y maloliente.

Paul está enfadado y cansado. No lo puede entender. Hace una pausa y piensa un poco. Paul es inteligente. Piensa algunos minutos y después ¡encuentra la solución! Se levanta.

-¿Puedo hacer una pausa de diez minutos? -le pregunta al profesor.

-Sí, claro -le contesta el profesor.

Paul sale fuera. Encuentra una farmacia cerca de la universidad. Entra y compra algunos comprimidos de aspirina. Después de diez minutos vuelve a la clase. Los estudiantes están sentados y están trabajando. Paul se sienta.

-¿Puedo terminar el examen? -Paul le pregunta al profesor después de cinco minutos. El profesor se acerca a la mesa de Paul. Ve cristales grandes y blancos de aspirina. El profesor está sorprendido. Se para y mira la aspirina durante un rato.

-¡Maravilloso! ¡Tu aspirina es magnífica! ¡Pero no lo entiendo! Muchas veces intento producir aspirina, pero todo lo que consigo es algo gris y maloliente -dice el profesor-. Has aprobado el examen.

Después del examen Paul se va. El profesor ve algo blanco en la mesa de Paul. Se acerca a la mesa y encuentra la hoja de instrucciones de la aspirina.

-Qué chico más listo. Bueno, Paul, ahora tienes un problema -dice el profesor.

an", sagt der Lehrer.

Paul weiß, wie diese Aufgabe geht. Er nimmt einige Chemikalien und beginnt. Er arbeitet zehn Minuten lang. Das Ergebnis ist grau und stinkt. Das ist kein gutes Aspirin. Paul weiß, dass er große, weiße Aspirinkristalle erhalten muss. Dann versucht er es wieder und wieder. Paul arbeitet eine Stunde lang, aber das Ergebnis ist wieder grau und stinkend.

Paul ist wütend und müde. Er kann es nicht verstehen. Er macht eine Pause und denkt ein bisschen nach. Paul ist intelligent. Er denkt ein paar Minuten nach und findet dann die Lösung! Er steht auf.

„Kann ich zehn Minuten Pause machen?", fragt er den Lehrer.

„Ja, natürlich", antwortet der Lehrer.

Paul geht nach draußen. Er findet eine Apotheke in der Nähe der Uni. Er geht hinein und kauft ein paar Tabletten Aspirin. Nach zehn Minuten kommt er zurück ins Klassenzimmer. Die Studenten sitzen da und arbeiten. Paul setzt sich hin.

„Kann ich die Prüfung beenden?", fragt Paul den Lehrer nach fünf Minuten. Der Lehrer kommt zu Pauls Tisch. Er sieht große, weiße Aspirinkristalle. Der Lehrer ist überrascht. Er bleibt stehen und schaut eine Weile auf das Aspirin.

„Wunderbar! Dein Aspirin ist gut! Aber ich kann das nicht verstehen! Ich versuche oft, Aspirin herzustellen, aber alles, was ich herausbekomme, ist grau und stinkt", sagt der Lehrer. „Du hast die Prüfung bestanden.

Paul geht nach der Prüfung weg. Der Lehrer sieht etwas Weißes auf Pauls Tisch. Er geht zum Tisch und findet das Papier der Aspirintabletten.

„Intelligenter Junge. Na ja, Paul, jetzt hast du ein Problem", sagt der Lehrer.

15

Nancy y el canguro

Nancy und das Känguru

 A

Palabras

1. ¡Oye! - Hey!
2. ¡Oh! - Oh!
3. agua - Wasser
4. año - Jahr
5. cabello - Haare
6. caer - fallen
7. canguro - Känguru
8. cebra - Zebra
9. cola - Schwanz
10. contenta - glücklich
11. cuando - wenn, als
12. cubo - Eimer
13. escaparse - entwischen
14. estantería - Bücherregal
15. estirar - ziehen
16. excursión - Ausflug

17. fuerte - stark
18. chillar - kreischen, schreien
19. hasta ahora - bis gleich
20. helado - Eiscreme
21. juguete - Spielzeug
22. juntos - gemeinsam
23. león - Löwe
24. lleno, llena - voll
25. mojado, mojada - nass
26. molestar - stören, ärgern
27. mono - Affe
28. muñeca - Puppe
29. niño, niña - Kind
30. oreja - Ohr
31. parada de bus - Autobushaltestelle
32. pegar - schlagen
33. plan - Plan
34. pobre - arm
35. ¿qué tal? - wie geht's?
36. susto - Schreck(en)
37. tigre - Tiger
38. vamos - lasst uns
39. vecino - Nachbar
40. volar - fliegen
41. zoo - Zoo

B

Nancy y el canguro

Ahora Robert es un estudiante. Estudia en la universidad. Estudia español. Robert vive en la residencia de estudiantes. Es el vecino de Paul.

Ahora mismo Robert está en su habitación. Coge su teléfono y llama a su amigo David. David coge el teléfono y dice: - Hola.

-Hola, David. Soy yo, Robert. ¿Qué tal? -dice Robert.

-Hola, Robert. Estoy bien. Gracias. ¿Y tú? -contesta David.

-También, gracias. Voy a hacer una excursión. ¿Qué planes tienes para hoy? -dice Robert.

-Mi hermana Nancy quiere ir al zoo conmigo. Voy a llevarla allí ahora. ¿Vamos juntos? -dice David.

Nancy und das Känguru

Robert ist jetzt Student. Er studiert an der Universität. Er studiert Spanisch. Robert wohnt im Studentenwohnheim. Er ist Pauls Nachbar.

Robert ist gerade in seinem Zimmer. Er nimmt sein Telefon und ruft seinen Freund David an.

David geht ans Telefon und sagt: „Hallo."

„Hallo David. Ich bin es, Robert. Wie geht's dir?", sagt Robert.

„Hallo Robert. Mir geht's gut. Danke. Und dir?", antwortet David.

„Mir geht's auch gut, danke. Ich werde einen Ausflug machen. Was hast du heute vor?", sagt Robert.

„Meine Schwester Nancy will mit mir in den Zoo gehen. Ich werde jetzt mit ihr dorthin gehen. Lass uns zusammen gehen", sagt David.

-Está bien, iré con vosotros. ¿Dónde quedamos? -pregunta Robert.

-Quedamos en la parada de bus Olympic. Y pregúntale a Paul si quiere venir también. -dice David.

-De acuerdo. Hasta ahora -dice Robert.

-Hasta ahora -dice David.

Después Robert va a la habitación de Paul. Paul está en su habitación. -Hola -dice Robert.

-Oh, hola, Robert. Entra -dice Paul. Robert entra en la habitación.

-David, su hermana y yo vamos al zoo. ¿Quieres venir? -pregunta Robert.

-Claro que sí, iré con vosotros. -dice Paul.

Robert y Paul van a la parada de bus Olympic. Allí ven a David y a su hermana Nancy. La hermana de David tiene cinco años. Es una niña pequeña que tiene mucha energía. Le gustan mucho los animales. Pero Nancy cree que los animales son juguetes. Los animales siempre se escapan porque ella les molesta mucho. Les estira de la cola o de la oreja, les pega con la mano o con un juguete. En casa Nancy tiene un perro y un gato. Cuando Nancy está en casa, el perro está debajo de la cama y el gato está sobre la estantería de libros. Así Nancy no los puede coger.

Nancy, David, Robert y Paul entran en el zoo. En el zoo hay muchos animales. Nancy está muy contenta. Corre hacia los leones y tigres. Pega el cebra con su muñeca. Estira tan fuerte de la cola de un mono que todos los monos se alejan chillando y corriendo. Después Nancy descubre el canguro. El canguro está bebiendo agua de un cubo. Nancy sonríe y se acerca lentamente al canguro. Y entonces...

-¡Oye! ¡Canguuuuurooooo! -grita Nancy y le estira de la cola. El canguro mira a Nancy con los ojos muy abiertos. Del susto da un

„Alles klar, ich komme mit. Wo treffen wir uns?", fragt Robert.

„Lass uns an der Bushaltestelle Olympic treffen. Und frag Paul, ob er auch mitkommen will", sagt David.

„Alles klar. Tschüss", antwortet Robert.

„Bis gleich", sagt David.

Dann geht Robert zu Pauls Zimmer. Paul ist in seinem Zimmer.

„Hallo", sagt Robert.

„Oh, hallo Robert. Komm rein", sagt Paul. Robert betritt das Zimmer.

„David, seine Schwester und ich gehen in den Zoo. Willst du mitkommen?", fragt Robert.

„Natürlich komme ich mit", sagt Paul.

Robert und Paul fahren bis zur Bushaltestelle Olympic. Dort sehen sie David und seine Schwester Nancy.

Davids Schwester ist erst fünf. Sie ist ein kleines Mädchen und voller Energie. Sie mag Tiere sehr gerne. Aber Nancy denkt, dass Tiere Spielzeug sind. Die Tiere rennen vor ihr weg, weil sie sie sehr ärgert. Sie zieht sie am Schwanz oder am Ohr, schlägt sie mit der Hand oder mit einem Spielzeug. Zu Hause hat Nancy einen Hund und eine Katze. Wenn Nancy zu Hause ist, sitzt der Hund unter dem Bett und die Katze auf dem Bücherregal. So kann Nancy sie nicht kriegen.

Nancy, David, Robert und Paul betreten den Zoo. Im Zoo gibt es sehr viele Tiere. Nancy ist glücklich. Sie rennt zu den Löwen und Tigern. Sie schlägt das Zebra mit ihrer Puppe. Sie zieht so stark am Schwanz eines Affen, dass alle Affen schreiend wegrennen. Dann sieht Nancy ein Känguru. Das Känguru trinkt Wasser aus einem Eimer. Nancy lächelt und nähert sich dem Känguru langsam. Und dann...

„Hey!!! Kängruu-uu-uu!!", schreit Nancy und zieht es am Schwanz. Das Känguru sieht Nancy mit weit aufgerissenen Augen an. Vor Schreck

salto, el cubo con el agua vuela por los aires y cae encima de Nancy. El agua corre encima de su cabello, su cara y su vestido. Nancy está muy mojada.

-¡Eres un canguro muy malo! ¡Muy malo! -grita.

Algunas personas sonríen y algunos dicen:

-Pobre niña.

David lleva a Nancy a casa. -No debes molestar a los animales -dice David y le da un helado. Nancy come el helado.

-Vale, no volveré a jugar con animales muy grandes y enfadados -piensa Nancy-. Sólo jugaré con animales pequeños. Nancy vuelve a estar feliz.

macht es einen Satz, sodass der Wassereimer in die Luft fliegt und auf Nancy fällt. Wasser läuft über ihr Haar, ihr Gesicht und ihr Kleid. Nancy ist ganz nass.

„Du bist ein böses Känguru! Böse!", ruft sie.

Einige Leute lächeln und einige Leute sagen: „Armes Mädchen." David bringt Nancy nach Hause.

„Du darfst die Tiere nicht ärgern", sagt David und gibt ihr ein Eis. Nancy isst das Eis.

„Okay, ich werde nicht mehr mit sehr großen und wütenden Tieren spielen", denkt Nancy. „Ich werde nur noch mit kleinen Tieren spielen." Sie ist wieder glücklich.

16

Los paracaidistas
Die Fallschirmspringer

 A

Palabras

1. ah... - ah...
2. aire - Luft
3. amarillo - gelb
4. asociación - Verein
5. aterrizar - landen
6. avión - Flugzeug
7. avisar - Bescheid sagen
8. blanco, blanca - weiß
9. cerrar - schließen
10. chaqueta - Jacke
11. cielo - Himmel
12. coger - fangen
13. creer - glauben
14. enganchado - verhakt, festhängend
15. exhibición de vuelo - Flugshow
16. dentro - (dr)innen

17. empujar - stoßen
18. entrenar - trainieren (entrenado - trainiert)
19. equipo - Team
20. escena - Szene, Aktion
21. genial - genial
22. goma - Gummi
23. grande - groß
24. hacer - machen
25. igual - gleich
26. líder - Führer
27. Martín (nombre) - Martin (Name)
28. metal - Metall
29. miembro - Mitglied
30. muñeco - Puppe
31. nueve - neun
32. pantalones - Hose
33. ¿para qué? - wofür
34. paracaídas - Fallschirm
35. paracaidista - Fallschirmspringer
36. piloto - Pilot
37. por cierto - übrigens
38. preparar - vorbereiten
39. propio - eigene, eigener, eigenes
40. público - Zuschauer
41. real - wirklich
42. rojo - rot
43. salvar - retten
44. salvamento - Rettung
45. si (condicional) - wenn, falls
46. techo - Dach
47. tranquilamente - ruhig
48. vestido, vestida - angezogen, bekleidet

Los paracaidistas

Por la mañana Robert va a la habitación de Paul. Paul está sentado en la mesa y está escribiendo. Favorite, el gato de Paul, está sentado en la cama de Paul. Está durmiendo tranquilamente.

-¿Puedo entrar? -pregunta Robert.

-Oh, Robert. Entra. ¿Cómo estás? -responde Paul.

-Bien, gracias. ¿Y tú? -dice Robert.

-Bien, gracias. Siéntate -responde Paul. Robert se sienta en una silla.

-Ya sabes que soy miembro en una

Die Fallschirmspringer

Es ist Morgen. Robert kommt in Pauls Zimmer. Paul sitzt am Tisch und schreibt etwas. Pauls Katze Favorite sitzt auf Pauls Bett. Sie schläft ruhig.

„Kann ich reinkommen?", fragt Robert.

„Oh, Robert. Komm rein. Wie geht's dir?", antwortet Paul.

„Gut, danke. Und dir?", sagt Robert.

„Danke, auch gut. Setz dich", antwortet Paul.

Robert setzt sich auf einen Stuhl.

„Du weißt doch, dass ich Mitglied in einem Fallschirmspringerverein bin. Wir haben heute

asociación de paracaidistas. Hoy tenemos una exhibición de vuelo. -dice Robert-. Haré algunos saltos.

-Me parece muy interesante -responde Paul-. Quizá vendré a ver la exhibición.

-Si quieres, te puedo llevar y puedes volar en uno de los aviones -dice Robert.

-¿De verdad? ¡Sería genial! -grita Paul-. ¿A qué hora es la exhibición?

-Comienza a las diez de la mañana -contesta Robert-. David también vendrá. Por cierto, necesitamos ayuda para tirar un muñeco vestido de paracaidista del avión. ¿Podrías ayudarnos?

-¿Un muñeco vestido de paracaidista? ¿Para qué? -pregunta Paul sorprendido.

-Ah, sabes, es parte de la exhibición -dice Robert-. Es una escena de salvamento. El muñeco cae y en este instante un paracaidista real vuela hacia allí, lo coge y abre su propio paracaídas. ¡Y el «hombre» está salvado!

-¡Genial! -responde Paul-. Os ayudaré. ¡Vayámonos!

Paul y Robert salen fuera. Van a la parada de autobús Olympic y cogen el bus. Sólo tardan diez minutos para llegar a la exhibición de vuelo. Al salir del bus ven a David.

-Hola, David -dice Robert-. Vayamos al avión.

Al lado del avión ven a un equipo de paracaidistas. El líder del equipo lleva un pantalón rojo y una chaqueta roja.

-Hola, Martín -dice Robert-. Paul y David nos ayudarán en la escena de salvamento.

-Vale. Aquí está el muñeco. -dice Martín-. Les da el muñeco paracaidista. El muñeco lleva un pantalón rojo y una chaqueta roja.

-Está vestido igual que tú -dice David,

eine Flugschau", sagt Robert. „Ich werde ein paar Sprünge machen."

„Das ist interessant", antwortet Paul. „Ich komme vielleicht zuschauen."

„Wenn du willst, kann ich dich mitnehmen und du kannst in einem Flugzeug mitfliegen", sagt Robert.

„Echt? Das wäre super!", ruft Paul. „Um wie viel Uhr ist die Flugschau?"

„Sie fängt um zehn Uhr morgens an", antwortet Robert. „David kommt auch. Übrigens, wir brauchen Hilfe, eine Fallschirmspringerpuppe aus dem Flugzeug zu werfen. Kannst du helfen?"

„Eine Fallschirmspringerpuppe? Warum?", fragt Paul überrascht.

„Ach, weißt du, das ist ein Teil der Schau", sagt Robert. „Es ist ein Rettungstrick. Die Puppe fällt herunter. In dem Moment fliegt ein echter Fallschirmspringer zu ihr, fängt sie und öffnet seinen eigenen Fallschirm. Der „Mann" ist gerettet!"

„Toll!", antwortet Paul. „Ich helfe. Lass uns gehen!"

Paul und Robert gehen nach draußen. Sie kommen zur Bushaltestelle Olympic und nehmen einen Bus. Es dauert nur zehn Minuten bis zur Flugschau. Als sie aus dem Bus steigen, sehen sie David.

„Hallo David", sagt Robert. „Lass uns zum Flugzeug gehen."

Beim Flugzeug sehen sie eine Fallschirmspringermannschaft. Der Führer der Mannschaft hat eine rote Hose und eine rote Jacke an.

„Hallo Martin", sagt Robert. „Paul und David helfen beim Rettungstrick."

„Okay. Hier ist die Puppe", sagt Martin. Er gibt ihnen die Fallschirmspringerpuppe. Die Puppe trägt eine rote Hose und eine rote Jacke.

„Sie trägt die gleiche Kleidung wie du", sagt

sonriéndole a Martín.

-No tenemos tiempo para hablarlo -dice Martín-. Llevadlo al avión.

Paul y David suben el muñeco al avión. Se sientan al lado del piloto. Todo el equipo de paracaidistas menos el líder entran en el avión. Cierran la puerta. Cinco minutos después el avión ya está en el aire. Al volar sobre Barcelona, David ve su casa.

-¡Mira! ¡Allí está mi casa! -grita David.

Paul mira a través de la ventana y ve calles, plazas y parques. Es maravilloso volar en un avión.

-¡Preparaos para el salto! -grita el piloto. Los paracaidistas se levantan. Abren la puerta.

-Diez, nueve, ocho, siete, seis, cinco, cuatro, tres, dos, uno. ¡Ya! -grita el piloto.

Los paracaidistas comienzan a saltar del avión. El público ve bajar paracaídas rojos, verdes, blancos, azules y amarillos. Es muy bonito. Martín, el líder del equipo, también mira hacia el cielo. Los paracaidistas bajan y algunos ya aterrizan.

-Bien, buen trabajo, chicos -dice Martín y va a una cafetería cercana para tomarse un café. La exhibición de vuelo sigue.

-¡Preparaos para el salvamento! -grita el piloto. David y Paul llevan el muñeco hacia la puerta.

-Diez, nueve, ocho, siete, seis, cinco, cuatro, tres, dos, uno. ¡Ya! -grita el piloto.

Paul y David tiran el muñeco por la puerta. Cae, pero queda enganchado. Su mano de goma ha quedado enganchada en una parte metálica del avión.

-¡Venga, vamos chicos! -grita el piloto.

Los chicos estiran el muñeco con toda su fuerza, pero no lo pueden sacar.

El público abajo va a un hombre, vestido

David und grinst Martin an.

„Wir haben keine Zeit, darüber zu reden", sagt Martin. „Nehmt sie mit in dieses Flugzeug."

Paul und David bringen die Puppe ins Flugzeug. Sie setzen sich neben den Piloten. Die ganze Fallschirmspringermannschaft außer ihrem Führer besteigt das Flugzeug. Sie schließen die Tür. Nach fünf Minuten ist das Flugzeug in der Luft. Als es über Barcelona fliegt, sieht David sein Haus.

„Schau! Da ist mein Haus!", ruft David.

Paul sieht aus dem Fenster auf Straßen, Plätze und Parks. Es ist toll, in einem Flugzeug zu fliegen.

„Zum Sprung bereit machen!", ruft der Pilot. Die Fallschirmspringer stehen auf. Sie öffnen die Tür.

„Zehn, neun, acht, sieben, sechs, fünf, vier, drei, zwei, eins! Los!", ruft der Pilot.

Die Fallschirmspringer beginnen, aus dem Flugzeug zu springen. Das Publikum auf dem Boden sieht rote, grüne, weiße, blaue und gelbe Fallschirme. Es sieht sehr schön aus. Martin, der Führer der Mannschaft, schaut auch nach oben. Die Fallschirmspringer fliegen nach unten und einige landen bereits.

„Okay, gute Arbeit, Jungs", sagt Martin und geht in ein Café in der Nähe, um Kaffee zu trinken. Die Flugschau geht weiter.

„Für den Rettungstrick bereit machen!", ruft der Pilot. David und Paul bringen die Puppe zur Tür.

„Zehn, neun, acht, sieben, sechs, fünf, vier, drei, zwei, eins! Los!", ruft der Pilot.

Paul und David stoßen die Puppe aus der Tür. Sie fällt heraus, bleibt dann aber hängen. Ihre Gummihand ist an einem Metallteil des Flugzeugs hängen geblieben.

„Los, auf, Jungs!", ruft der Pilot.

Die Jungs ziehen mit aller Kraft an der Puppe, aber sie bekommen sie nicht los.

Das Publikum unten auf dem Boden sieht einen

de rojo, enganchado en la puerta del avión. Dos hombres intentan empujarle fuera. La gente no se lo puede creer. Un minuto después el paracaidista en rojo empieza a caer. Otro paracaidista salta del avión e intenta cogerlo, pero no lo consigue. El paracaidista en rojo sigue cayendo. Cae a través del techado de la cafetería. El público lo observa en silencio. Después ven a un hombre, vestido de rojo, salir corriendo de la cafetería. Este hombre en rojo es Martín, el líder del equipo de paracaidistas. Pero el público piensa que es el paracaidista que cayó. Martín mira hacia arriba y grita enfadado - Si no sabéis coger a un hombre, no lo intentéis!

El público está en silencio.

-Papá, este hombre es muy fuerte -le dice una niña pequeña a su padre.

-Está bien entrenado -contesta el padre.

Después de la exhibición de vuelo David y Paul se acercan a Robert.

-¿Cómo lo hemos hecho? -pregunta David.

-Ejem... Muy bien. Gracias -contesta Robert.

-Si necesitas ayuda con algo, avísanos - dice Paul.

Mann in Rot gekleidet in der Flugzeugtür. Zwei andere Männer versuchen, ihn herauszustoßen. Die Leute trauen ihren Augen nicht. Es dauert etwa eine Minute. Dann fällt der Fallschirmspringer in Rot nach unten. Ein anderer Fallschirmspringer springt aus dem Flugzeug und versucht, ihn zu fangen. Aber er schafft es nicht. Der Fallschirmspringer in Rot fällt weiter. Er fällt durch das Dach in das Café. Das Publikum sieht schweigend zu. Dann sehen die Leute einen in rot gekleideten Mann aus dem Café rennen. Der Mann in Rot ist Martin, der Führer der Fallschirmspingermannschaft. Aber das Publikum denkt, dass er der abgestürzte Fallschirmspringer ist. Er schaut nach oben und ruft wütend: „Wenn ihr einen Mann nicht fangen könnt, dann versucht es nicht!"

Das Publikum ist still.

„Papa, dieser Mann ist sehr stark", sagt ein kleines Mädchen zu ihrem Vater.

„Er ist gut trainiert", antwortet der Vater.

Nach der Flugschau gehen David und Paul zu Robert.

„Wie war unsere Arbeit?", fragt David.

„Ähm...Oh, sehr gut. Danke", antwortet Robert.

„Wenn du Hilfe brauchst, sag es einfach", sagt Paul.

17

¡Apaga el gas!
Mach das Gas aus!

A

Palabras

1. ahora mismo - jetzt gleich
2. apagar - abdrehen
3. astutamente - schlau
4. billete - Ticket, Fahrkarte
5. calentar - aufwärmen
6. cuarenta y cuatro - vierundvierzig
7. cuidadoso, cuidadosa - sorgfältig
8. de repente - plötzlich
9. descolgar (el teléfono) - abheben
10. desconocido, desconocida - unbekannt
11. diga (teléfono) - ja, hallo
12. durmiendo - schlafend
13. encender - aufdrehen
14. estación de trenes - Bahnhof
15. extenderse - ausbreiten
16. fuego - Feuer
17. gas - Gas
18. grifo - Wasserhahn

19. guardería - Kindergarten

20. instante - Moment

21. kilómetro - Kilometer

22. lavarse - sich waschen

23. llenar - anfüllen

24. mientras tanto - inzwischen

25. minino, minina - Kater, Katze

26. olvidar - vergessen

27. once - elf

28. ordenar - anordnen, befehlen

29. pálido, pálida - blass

30. pequeño - klein (Verkleinerungsform: pequeñito)

31. por lo tanto - also, daher

32. quedarse de piedra - erstarren (piedra - Stein)

33. quién - wer

34. secretaria - Sekretärin

35. sonar - läuten

36. tetera - Teekessel

37. todo - alles

38. tren - Zug

39. veinte - zwanzig

40. voz - Stimme

B

¡Apaga el gas!

Son las siete de la mañana. David y Nancy están durmiendo. Su madre está en la cocina. Su madre se llama Linda. Linda tiene cuarenta y cuatro años. Es una mujer cuidadosa. Linda limpia la cocina antes de irse a trabajar. Es secretaria. Trabaja a veinte kilómetros de Barcelona. Normalmente Linda coge el tren para ir a trabajar. Linda sale de casa. La estación de ferrocarril está cerca, por lo que Linda va a pie. Compra un billete y sube al tren. Tarda alrededor de veinte minutos para llegar a su trabajo. Linda está sentada en el tren y está mirando por la ventana.

De repente se queda de piedra. ¡La tetera! Está puesta en la cocina y se ha olvidado de apagar el gas. David y Nancy están durmiendo. El fuego podría extenderse a los muebles y después… Linda se pone pálida, pero es una mujer inteligente y poco

Mach das Gas aus!

Es ist sieben Uhr morgens. David und Nancy schlafen. Ihre Mutter ist in der Küche. Die Mutter heißt Linda. Linda ist vierundvierzig. Sie ist eine sorgfältige Frau. Linda putzt die Küche, bevor sie zur Arbeit geht. Sie ist Sekretärin. Sie arbeitet zwanzig Kilometer außerhalb von Barcelona. Linda fährt normalerweise mit dem Zug zur Arbeit.

Sie geht nach draußen. Der Bahnhof ist in der Nähe, deswegen geht Linda zu Fuß dorthin. Sie kauft eine Fahrkarte und steigt ein. Es dauert etwa zwanzig Minuten bis zu ihrer Arbeit. Linda sitzt im Zug und schaut aus dem Fenster.

Plötzlich erstarrt sie. Der Kessel! Er steht auf dem Herd und sie hat vergessen, das Gas auszumachen. David und Nancy schlafen. Das Feuer kann auf die Möbel übergreifen und dann… Linda wird blass. Aber sie ist eine intelligente Frau und kurz darauf weiß sie, was zu tun ist. Sie bittet eine Frau und einen Mann,

después sabe qué hacer. Está sentada al lado de una mujer y de un hombre, les pide que llamen a su casa para avisar a David de la tetera.

Mientras tanto David se levanta, se lava y va a la cocina. Coge la tetera de la mesa, la llena con agua y la pone sobre la cocina. Después coge pan y mantequilla y empieza a preparar bocadillos. Nancy viene a la cocina.

-¿Dónde está mi minino pequeñito? -pregunta.

-No lo sé -responde David-. Ve al baño y lávate la cara. Tomaremos té y comeremos los bocadillos. Después te llevaré a la guardería.

Nancy no quiere lavarse. -No puedo abrir el grifo -dice astutamente.

-Te ayudaré -le dice su hermano. En este instante suena el teléfono. Nancy corre rápido para descolgarlo. -Hola, aquí el zoo. ¿Diga? -dice.

David le quita el teléfono y dice: -Hola, soy David.

-¿Eres David Tweeter? ¿De la Calle de la Reina número once? -pregunta la voz de una mujer desconocida.

-Sí -responde David.

-¡Ve a la cocina ahora mismo y apaga el gas! -grita la voz de la mujer.

-¿Quién es? ¿Por qué debo apagar el gas? -pregunta David sorprendido.

-¡Hazlo ahora! -le ordena la voz.

David apaga el gas. Nancy y David miran sorprendidos a la tetera.

-No lo entiendo -dice David-. ¿Cómo sabía la mujer que queríamos tomar té?

-Tengo hambre -dice su hermana-. ¿Cuándo comeremos?

die neben ihr sitzen, bei ihr zu Hause anzurufen und David über den Kessel zu informieren.

In der Zwischenzeit steht David auf, wäscht sich und geht in die Küche. Er nimmt den Kessel vom Tisch, füllt ihn mit Wasser und stellt ihn auf den Herd. Dann nimmt er Brot und Butter und macht Butterbrote. Nancy kommt in die Küche.

„Wo ist meine kleine Miezekatze?", fragt sie.

„Ich weiß es nicht", antwortet David. „Geh' ins Bad und wasch' dein Gesicht. Wir trinken jetzt Tee und essen Brote. Dann bring ich dich in den Kindergarten."

Nancy will sich nicht waschen. „Ich kann den Wasserhahn nicht aufdrehen", sagt sie schlau.

„Ich helfe dir", sagt ihr Bruder. In diesem Moment klingelt das Telefon. Nancy rennt schnell zum Telefon und nimmt den Hörer ab.

„Hallo, hier ist der Zoo. Und wer ist da?", sagt sie. David nimmt ihr den Hörer weg und sagt: „Hallo, David hier."

„Bist du David Tweeter, wohnhaft in der Calle de la Reina elf?", fragt die Stimme einer fremden Frau.

„Ja", antwortet David.

„Geh' sofort in die Küche und mach' das Gas aus", ruft die Stimme der Frau.

„Wer sind Sie? Warum soll ich das Gas ausmachen?", fragt David überrascht.

„Mach' es jetzt!", befielt die Stimme.

David macht das Gas aus. Nancy und David sehen verwundert auf den Kessel.

„Ich verstehe das nicht", sagt David. „Woher weiß diese Frau, dass wir Tee trinken wollten?"

„Ich habe Hunger", sagt seine Schwester. „Wann essen wir?"

„Ich habe auch Hunger", sagt David und macht

-También tengo hambre -dice David y vuelve a encender el gas. En este instante vuelve a sonar el teléfono.

-Hola -dice David.

-¿Eres David Tweeter? ¿De la Calle de la Reina número once? -pregunta la voz de un hombre desconocido.

-Sí -responde David.

-¡Apaga el gas ahora mismo! ¡Ten cuidado! -le ordena la voz.

-Vale -dice David y vuelve a apagar el gas.

-Vayámonos a la guardería -le dice David a Nancy, con el sentimiento de que hoy ya no tomarían té.

-No. Quiero té y pan con mantequilla -dice Nancy enfadada.

-Bien, intentemos de poner la tetera otra vez -dice su hermano y enciende el gas. El teléfono suena y esta vez es su madre quien les ordena de apagar el gas. Después lo explica todo. Por fin Nancy y David pueden tomar té e irse a la guardería.

das Gas wieder an. In diesem Moment klingelt das Telefon wieder.

„Hallo", sagt David.

„Bist du David Tweeter, wohnhaft in der Calle de la Reina elf?", fragt die Stimme eines fremden Mannes.

„Ja", antwortet David.

„Mach' sofort das Gas aus! Sei vorsichtig!", befiehlt die Stimme.

„Okay", sagt David und macht das Gas wieder aus.

„Lass' uns in den Kindergarten gehen", sagt David zu Nancy mit dem Gefühl, dass sie heute keinen Tee trinken werden.

„Nein. Ich will Tee und Brot mit Butter", sagt Nancy wütend.

„Gut, lass' uns versuchen, den Kessel wieder zu wärmen", sagt ihr Bruder und stellt das Gas an. Das Telefon klingelt und dieses Mal befiehlt ihre Mutter, das Gas abzustellen. Dann erklärt sie alles. Endlich trinken Nancy und David Tee und gehen in den Kindergarten.

18

Una agencia de empleo
Eine Arbeitsvermittlung

A

Palabras

1. brazo - Arm
2. cabeza canosa - grauhaarig
3. cable - Kabel
4. colchón - Matratze
5. como - wie
6. conectar - verbinden
7. confuso - verwirrt
8. asesor, asesora - Berater, Beraterin
9. club deportivo - Sportverein
10. corriente - Strom
11. cualquiera - irgendein (cualquier tipo de trabajo - irgendeine Art von Arbeit)
12. de manera individual - individuell, einzeln

13. descarga eléctrica - Stromstoß
14. editorial - Verlag
15. eléctrico, eléctrica - elektrisch
16. en serio - ernsthaft
17. escritor - Schriftsteller, Schreiber
18. estirado - ausgestreckt
19. experiencia - Erfahrung
20. fuerte - stark
21. hacer un pulso - Armdrücken
22. historia - Geschichte
23. limpiando - abputzend, säubernd
24. manual - händisch (trabajo manual - Handarbeit)
25. mental - mental (trabajo mental - Kopfarbeit)
26. mortal - tötlich
27. origen - Herkunft
28. qué bien - wie großartig, wie toll
29. quince - fünfzehn
30. recomendar - empfehlen
31. requerir - erfordern
32. seguro, segura - sicher
33. sesenta - sechzig
34. suelo - Boden
35. temblar - zittern
36. tienda informática - Computerfirma

B

Una agencia de empleo

Un día Paul entra en la habitación de Robert y ve su amigo estirado en la cama, temblando. Paul ve algunos cables eléctricos que conectan la tetera con Robert. Paul cree que Robert está recibiendo una descarga eléctrica mortal. Rápidamente va a la cama, coge el colchón y lo estira fuertemente. Robert cae al suelo. Después se levanta y mira sorprendido a Paul.

-¿Qué ha sido esto? -pregunta Robert.

-Estabas bajo corriente eléctrica -dice Paul.

-No, estaba escuchando música -dice Robert y señala a su reproductor de CD.

-Vaya, lo siento -dice Paul. Está confundido.

-Tranquilo, no pasa nada -dice Robert con calma, limpiándose sus pantalones.

-David y yo vamos a una agencia de empleo.

Eine Arbeitsvermittlung

Eines Tages kommt Paul in Roberts Zimmer und sieht seinen Freund zitternd auf dem Bett liegen. Paul sieht einige Stromkabel, die von Robert zum Wasserkocher führen. Paul glaubt, dass Robert einen tödlichen Stromschlag abbekommen hat. Er geht schnell zum Bett, nimmt die Matratze und zieht stark daran. Robert fällt auf den Boden. Dann steht er auf und sieht Paul verwundert an.

„Was war das denn?", fragt Robert.

„Du standest unter Strom", sagt Paul.

„Nein, ich habe Musik gehört", sagt Robert und zeigt auf seinen CD-Spieler.

„Oh, Entschuldigung", sagt Paul. Er ist verwirrt.

„Schon gut, mach dir keinen Kopf", sagt Robert ruhig und macht seine Hose sauber.

„David und ich gehen zu einer Arbeitsvermittlung. Willst du mitkommen?",

¿Quieres venir? -pregunta Paul.

-Sí, claro, vamos juntos -dice Robert.

Salen y cogen el autobús número siete. Tardan unos quince minutos en llegar a la agencia de empleo. David ya está allí. Entran en el edificio. Delante de la oficina de la agencia de empleo hay una cola larga. Hacen cola. Media hora después entran en la oficina. En la habitación hay algunas sillas y algunas estanterías con libros. En una mesa está sentado un hombre de cabeza canosa. Tiene unos sesenta años.

-Entrad, chicos -dice con voz simpática-, sentaos, por favor.

David, Robert y Paul se sientan.

-Soy Jorge Estimator. Soy asesor de empleo. Normalmente asesoro las personas de manera individual, pero como sois estudiantes y os conocéis, os puedo asesorar juntos. ¿De acuerdo?

-Sí -dice David-. Tenemos de tres a cuatro horas libres cada día. Necesitamos un trabajo en estas horas.

-Bien, tengo algunos trabajos para estudiantes. Y tú, apaga tu reproductor de CD -le dice el Señor Estimator a Robert.

-Puedo escucharle y escuchar música a la vez -dice Robert.

-Si quieres conseguir un trabajo en serio, apaga la música y escúchame bien -dice el Señor Estimator-. ¿Qué tipo de empleo queréis? ¿Un trabajo intelectual o manual?

-Puedo hacer cualquier tipo de trabajo -dice Paul. Soy fuerte. ¿Un pulso? -dice y apoya su brazo en la mesa del Señor Estimator.

-Esto no es un club deportivo, pero como quieras... -dice el Señor Estimator. Apoya su brazo en la mesa y rápidamente empuja el brazo de Paul hacia abajo.

-Como ves, no sólo debes ser fuerte sino

fragt Paul.

„Klar, lass uns zusammen gehen", sagt Robert.

Sie gehen nach draußen und nehmen den Bus Nummer 7. Sie brauchen etwa fünfzehn Minuten bis zur Arbeitsvermittlung. David ist schon dort. Sie betreten das Gebäude. Vor dem Büro der Arbeitsvermittlung ist eine lange Schlange. Sie stellen sich an. Nach einer halben Stunde betreten sie das Büro. Im Zimmer sind einige Stühle und ein paar Bücherregale. Am Tisch sitzt ein grauhaariger Mann. Er ist etwa sechzig.

„Kommt rein, Jungs", sagt er freundlich. „Setzt euch, bitte."

David, Robert und Paul setzen sich.

„Ich bin Jorge Estimator. Ich bin Arbeitsberater. Normalerweise spreche ich einzeln mit Besuchern. Aber da ihr alle Studenten seid und euch kennt, kann ich euch zusammen beraten. Seid ihr einverstanden?"

„Ja", sagt David. „Wir haben drei, vier Stunden frei pro Tag. Wir brauchen für diese Zeit einen Job."

„Gut, ich habe ein paar Jobs für Studenten. Und du, mach deinen CD-Spieler aus", sagt Herr Estimator zu Robert.

„Ich kann gleichzeitig Ihnen zuhören und Musik hören", sagt Robert.

„Wenn du ernsthaft einen Job willst, mach die Musik aus und hör mir genau zu", sagt Herr Estimator. „Also, was für einen Job wollt ihr denn. Wollt ihr Hand- oder Kopfarbeit?

„Ich kann jede Arbeit machen", sagt Paul. „Ich bin stark. Wollen Sie es testen?", fragt er und stützt seinen Arm auf Herrn Estimators Tisch auf.

„Das hier ist kein Sportverein, aber wenn du willst...", sagt Herr Estimator. Er stützt seinen Arm auf den Tisch auf und drückt Pauls Arm schnell nach unten. „Wie du siehst, musst du nicht nur stark, sondern auch schlau sein."

81

también listo.

-También puedo hacer trabajos que requieren pensar -dice Paul. Realmente quiere conseguir un trabajo. -Puedo escribir historias. Tengo algunas historias sobre mi ciudad de origen.

-Me parece muy interesante -dice el Señor Estimator. Coge una hoja.

-La editorial All-Round necesita un joven escritor. Pagan nueve euros la hora.

-¡Genial! -dice Paul-. ¿Lo puedo intentar?

-Por supuesto. Aquí tienes el número de teléfono y la dirección -dice el Señor Estimator y le da una hoja a Paul-. Y vosotros, chicos, podéis elegir entre un trabajo en una granja, en una tienda informática, en un periódico o en un supermercado. Como no tenéis experiencia, os recomiendo empezar por el trabajo en la granja. Necesitan dos trabajadores -le dice el Señor Estimator a David y a Robert.

-¿Cuánto pagan? -pregunta David.

-A ver... -el Señor Estimator mira en su ordenador-. Necesitan trabajadores para tres o cuatro horas al día y pagan siete euros por hora. Sábado y Domingo libres. ¿Os parece bien? -les pregunta.

-Sí, de acuerdo -dice David.

-También me parece bien -dice Robert.

-Bien, coged el número de teléfono y la dirección de la granja -dice el Señor Estimator y les da una hoja.

-Gracias, Señor Estimator -dicen los chicos y se van.

„Ich kann auch Denkarbeit machen", sagt Paul. Er will unbedingt einen Job. „Ich kann Geschichten schreiben. Ich habe ein paar Geschichten über meine Heimatstadt."

„Das ist sehr interessant", sagt Herr Estimator. Er greift nach einem Blatt Papier. „Der Verlag „All-Round" braucht einen jungen Helfer als Schreiber. Sie zahlen neun Euro pro Stunde."

„Super", sagt Paul. „Kann ich das versuchen?"

„Natürlich. Hier sind Telefonnummer und Adresse", sagt Herr Estimator und gibt Paul ein Blatt Papier.

„Und ihr Jungs könnt zwischen einem Job auf einem Bauernhof, in einer Computerfirma, bei einer Zeitung oder im Supermarkt wählen. Da ihr keine Erfahrung habt, empfehle ich euch, mit der Arbeit auf dem Bauernhof anzufangen. Sie brauchen zwei Arbeiter", sagt Herr Estimator zu David und Robert.

„Wie viel zahlen sie?", fragt David.

„Mal sehen..." Herr Estimator schaut auf den Computer. „Sie brauchen Arbeiter für drei oder vier Stunden am Tag und zahlen sieben Euro pro Stunde. Samstag und Sonntag sind frei. Seid ihr einverstanden?", fragt er.

„Ja, bin ich", sagt David.

„Ich auch", sagt Robert.

„Gut, nehmt die Telefonnummer und die Adresse des Bauernhofs", sagt Herr Estimator und gibt ihnen eine Blatt Papier.

„Dankeschön, Herr Estimator", sagen die Jungs und gehen nach draußen.

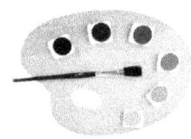

19

David y Robert lavan el camión (primera parte)
David und Robert waschen den Laster (Teil 1)

A

Palabras

1. adecuado - geeignet
2. arrancar - starten (arrancar el motor - den Motor starten)
3. bajar - aussteigen
4. barca - Schiff
5. bastante - ziemlich
6. campo - Feld
7. cargar - laden, tragen
8. carretera - Straße
9. con cuidado - vorsichtig
10. controlar - kontrollieren
11. corresponder - entsprechen
12. cuarto, cuarta - vierter, vierte, viertes
13. décimo, décima - zehnter, zehnte, zehntes

14. delantero, delantera - vorderer, vordere
15. descargar - ausladen
16. fantástico - fantastisch
17. flotar - treiben, schwimmen
18. frenar - bremsen
19. fuerza - Stärke
20. lejos - weit
21. lentamente - langsam
22. levantar - aufheben, (hoch)heben
23. permiso de conducir - Führerschein
24. máquina - Maschine
25. mar - Meer
26. mar adentro - seewärts
27. metro - Meter
28. motor - Motor
29. noveno, novena - neunter, neunte, neuntes
30. octavo, octava - achter, achte, achtes
31. ola - Welle
32. orilla - Küste
33. parar - anhalten
34. patio - Hof
35. pisar - treten
36. primero, primera - erster, erste, erstes
37. primero - zuerst
38. propietario, propietaria - Besitzer, Besitzerin
39. quinto, quinta - fünfter, fünfte, fünftes
40. rueda - Rad
41. segundo, segunda - zweiter, zweite, zweites
42. semilla - Samen
43. séptimo, séptima - siebenter, siebente, siebentes
44. sexto, sexta - sechster, sechste, sechstes
45. subir - einsteigen
46. tercero, tercera - dritter, dritte, drittes
47. vale - in Ordnung, o.k.

B

David y Robert lavan el camión (primera parte)

Ahora David y Robert trabajan en una granja. Trabajan de tres a cuatro horas al día. El trabajo es bastante duro. Tienen que trabajar mucho cada día. Cada segundo día tienen que limpiar el patio de la granja. Cada tercer día limpian las máquinas. Cada cuarto día trabajan en los campos. Su empleador se llama Daniel Fuerte. El Señor Fuerte es el propietario de la granja y es quién hace la mayor parte del trabajo. El

David und Robert waschen den Laster (Teil 1)

David und Robert arbeiten jetzt auf einem Bauernhof. Sie arbeiten drei, vier Stunden am Tag. Die Arbeit ist ziemlich schwer. Sie müssen jeden Tag viel arbeiten. Sie machen den Hof jeden zweiten Tag sauber. Sie putzen die Maschinen jeden dritten Tag. Jeden vierten Tag arbeiten sie auf den Feldern.

Ihr Arbeitgeber heißt Daniel Fuerte. Herr Fuerte ist der Besitzer des Bauernhofs und macht die meiste Arbeit. Herr Fuerte arbeitet

Señor Fuerte trabaja muy duro. También les da mucho trabajo a David y a Robert.

—Ey, chicos, terminad de limpiar las máquinas y después coged el camión para ir a la empresa de transporte Rapid —dice el Señor Fuerte—. Tienen una carga para mí. Cargad las cajas con las semillas en el camión, llevadlas a la granja y descargadlas en el patio. Dados prisa, necesito usar las semillas hoy. Y no olvidéis de lavar el camión.

—De acuerdo —dice David. Terminan de limpiar las máquinas y suben al camión. David tiene el carné de conducir, así que conduce el camión. Arranca el motor, cruza el patio lentamente y después en la carretera va rápido. La empresa de transportes Rapid no está lejos de la granja. Llegan allí en quince minutos. Buscan la puerta de carga número diez.

David cruza el patio de la empresa con cuidado. Pasan por la primera puerta de carga, por la segunda, la tercera, la cuarta, la quinta, la sexta, la séptima, la octava y por la novena. David conduce hacia la décima puerta de carga y detiene el camión.

—Primero debemos revisar la lista de carga —dice Robert que ya tiene experiencia con las listas de carga de esta empresa. Se acerca al cargador que trabaja en esta puerta y le da la lista de carga. El cargador rápidamente carga cinco cajas en el camión. Robert controla las cajas con cuidado. Todos los números de las cajas corresponden a los números de la lista.

—Los números están bien. Podemos irnos —dice Robert.

—Vale —dice David y arranca el motor—. Creo que podemos ir a lavar el camión ahora. Cerca de aquí hay un sitio adecuado.

Cinco minutos después llegan a la orilla del mar.

—¿Quieres lavar el camión aquí? —pregunta

sehr hart. Er gibt David und Robert auch viel Arbeit.

„Hey Jungs, macht die Maschinen fertig sauber und fahrt dann mit dem Laster zur Transportfirma Rapid", sagt Herr Fuerte. „Sie haben eine Ladung für mich. Ladet die Kisten mit dem Saatgut auf den Laster, bringt sie zum Bauernhof und ladet sie auf dem Hof ab. Beeilt euch, denn ich brauche das Saatgut heute. Und vergesst nicht, den Laster zu waschen."

„Okay", sagt David. Sie machen die Maschine fertig sauber und steigen in den Laster. David hat einen Führerschein, deswegen fährt er. Er macht den Motor an, fährt erst langsam durch den Hof und dann schnell die Straße entlang. Die Transportfirma Rapid ist nicht weit vom Bauernhof. Sie kommen dort nach fünfzehn Minuten an. Dort suchen sie die Verladetür Nummer zehn.

David fährt den Laster vorsichtig über den Hof. Sie fahren an der ersten Verladetür vorbei, an der zweiten, an der dritten, an der vierten, an der fünften, an der sechsten, an der siebten, an der achten und dann an der neunten. David fährt zur zehnten Verladetür und hält an.

„Wir müssen erst die Ladeliste kontrollieren", sagt Robert, der schon Erfahrung mit den Ladelisten in dieser Firma hat. Er geht zum Verlader, der an der Tür arbeitet, und gibt ihm die Ladeliste. Der Verlader lädt schnell fünf Kisten in ihren Laster. Robert kontrolliert die Kisten sorgfältig. Alle Kisten haben Nummern von der Ladeliste.

„Die Nummern stimmen. Wir können jetzt gehen", sagt Robert.

„Okay", sagt David und macht den Motor an. „Ich denke, wir können jetzt den Laster waschen. Nicht weit von hier ist ein passender Ort."

Nach fünf Minuten kommen sie an die Küste.

„Willst du den Laster hier waschen?", fragt

Robert sorprendido.

-¡Sí! Es un sitio fantástico, ¿verdad? -dice David.

-¿Y dónde conseguimos un cubo? -pregunta Robert.

-No necesitamos ningún cubo. Aparcaré muy cerca del mar. Cogeremos el agua del mar -dice David y acerca el camión al agua. Las ruedas delanteras ya están en el agua y las olas pasan por encima.

-Venga, bajamos del camión y lo lavamos -dice Robert.

-Espera, lo voy a acercar un poco más -dice David y conduce uno o dos metros más hacia el mar-. Mejor así.

De repente viene una ola enorme, el agua levanta el camión y se lo lleva lentamente mar adentro.

-¡Para! ¡David, para el camión! -grita Robert-. ¡Ya estamos en el agua! ¡Para, por favor!

-¡No para! -grita David y pisa el freno con toda su fuerza-. No lo puedo parar.

El camión flota lentamente mar adentro, como una pequeña barca.

(continuará)

Robert überrascht.

„Ja! Schöner Platz, nicht?", sagt David.

„Und woher bekommen wir einen Eimer?", fragt Robert.

„Wir brauchen keinen Eimer. Ich fahre ganz nah ans Meer. Wir nehmen das Wasser aus dem Meer", sagt David und fährt ganz nah ans Wasser. Die Vorderräder stehen im Wasser und die Wellen umspülen sie.

„Lass uns aussteigen und anfangen, zu waschen", sagt Robert.

„Warte kurz, ich fahre noch etwas näher ran", sagt David und fährt ein, zwei Meter weiter. „So ist es besser."

Da kommt eine größere Welle und das Wasser hebt den Laster ein bisschen nach oben und trägt ihn langsam weiter ins Meer.

„Stopp! David, halte den Laster an!", ruft Robert. „Wir sind schon im Wasser! Bitte, halte an!"

„Er hält nicht an!", ruft David und tritt mit aller Kraft die Bremse. „Ich kann ihn nicht anhalten."

Der Laster treibt langsam weiter aufs Meer und schaukelt auf den Wellen wie ein kleines Schiff.

(Fortsetzung folgt)

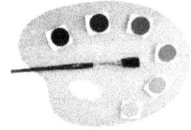

20

David y Robert lavan el camión (segunda parte)

David und Robert waschen den Laster (Teil 2)

 A

Palabras

1. a lo largo de - entlang
2. accidente - Unfall
3. alimentar - füttern
4. anunciar - ankündigen
5. ave - Vogel
6. ave marina - Meeresvogel
7. buscar - suchen
8. ceremonia - Zeremonie
9. desaparecer - verschwinden
10. despedir - entlassen
11. dinero - Geld
12. discurso - Rede
13. ejemplo - Beispiel
14. empezar a - anfangen
15. engullir - verschlingen, fressen, schlucken

16. foto - Foto (sacar fotos - Fotos machen)
17. fotógrafo - Fotograf
18. gracia - Witz, Spaß
19. hace - vor (hace un mes - vor einem Monat)
20. jaula - Käfig
21. lugar - Ort
22. mañana - Morgen
23. maravilloso, maravillosa - wundervoll
24. mundo - Welt
25. nadar - schwimmen
26. nunca - niemals
27. ocurrir - geschehen
28. orca - Schwertwal
29. periodista - Journalist
30. petróleo - Öl (aber: aceite - Speiseöl)
31. petrolero - Tanker
32. por ejemplo - zum Beispiel
33. querido - lieb (queridos amigos - liebe Freunde)
34. rehabilitación - Rehabilitation
35. rehabilitar - rehabilitieren
36. reírse - lachen
37. servicio de socorro - Rettungsdienst
38. situación - Situation
39. tan - so
40. techo - Dach
41. todo el mundo - alle
42. trabajador - Angestellter
43. tras - nach
44. veinticinco - fünfundzwanzig
45. ventanilla - Autofenster
46. viento - Wind

 B

David y Robert lavan el camión (segunda parte)

El camión flota lentamente mar adentro, como una pequeña barca. David gira el volante hacia la izquierda y hacia la derecha, pisando el freno y el acelerador, pero no consigue controlar al camión. Un viento fuerte lo lleva a lo largo de la costa. David y Robert no saben qué hacer. Están sentados y miran por la ventanilla. El agua del mar empieza a entrar en el camión.

-Salgamos del camión y sentémonos en el techo -dice Robert. Se sientan en el techo.

-Me pregunto qué dirá el Señor Fuerte - dice Robert. El camión flota lentamente a

David und Robert waschen den Laster (Teil 2)

Der Laster treibt langsam weiter aufs Meer und schaukelt auf den Wellen wie ein kleines Schiff. David lenkt nach links und nach rechts, während er auf die Bremse und aufs Gas tritt. Aber er kann den Laster nicht kontrollieren. Ein starker Wind trägt ihn die Küste entlang. David und Robert wissen nicht, was sie tun sollen. Sie sitzen einfach da und schauen aus dem Fenster. Das Meerwasser beginnt, in den Laster zu laufen.

„Lass uns nach draußen gehen und uns aufs Dach setzen", sagt Robert.

Sie setzen sich aufs Dach.

unos veinte metros de la orilla. Algunas personas en la orilla se paran y lo miran sorprendidos.

-El Señor Fuerte seguramente nos despedirá -responde David.

Mientras tanto el rector de la universidad, el Señor Cometa, entra en su despacho. La secretaria le dice que hoy habrá una ceremonia. Liberarán dos aves marinas tras su rehabilitación. Después del accidente del petrolero Gran Polución los trabajadores del centro de rehabilitación las han limpiado del petróleo. El accidente ocurrió hace un mes. El Señor Cometa tendrá que dar un discurso en la ceremonia. Comenzará en veinticinco minutos.

El Señor Cometa y su secretaria cogen un taxi y en diez minutos llegan al lugar de la ceremonia. Las dos aves ya están allí. No están tan blancas como normalmente, pero pueden volver a nadar y volar. Hay mucha gente, muchos periodistas y fotógrafos. Dos minutos más tarde comienza la ceremonia. El Señor Cometa empieza con su discurso.

-¡Queridos amigos! -dice-. El accidente con el petrolero Gran Polución ocurrió aquí hace un mes. Ahora tenemos que ayudar a las aves y a los animales a recuperarse. Cuesta mucho dinero. La rehabilitación de estas dos aves, por ejemplo, nos costó cinco mil euros. Estoy muy contento de anunciarles que ahora, después de un mes de rehabilitación, estas dos aves maravillosas serán puestas en libertad.

Dos hombres cogen la jaula de las aves, la llevan al agua y la abren. Las aves salen de la jaula, saltan al agua y nadan. Los fotógrafos sacan fotos. Los periodistas entrevistan a los trabajadores del centro de rehabilitación sobre los animales. De repente aparece una orca grande, engulle

„Ich frage mich, was Herr Fuerte sagen wird", sagt Robert. Der Laster treibt langsam etwa zwanzig Meter von der Küste entfernt. Einige Leute an der Küste bleiben stehen und schauen verwundert.

„Herr Fuerte wird uns wohl feuern", antwortet David.

In der Zwischenzeit kommt der Direktor der Universität, Herr Cometa, in sein Büro. Die Sekretärin sagt ihm, dass es heute eine Feier gibt. Sie werden zwei Vögel nach deren Genesung freisetzen. Arbeiter des Rehabilitationszentrums haben sie nach dem Unfall mit dem Tanker Gran Polución von Öl gesäubert. Der Unfall passierte vor einem Monat. Herr Cometa muss dort eine Rede halten. Die Feier beginnt in fünfundzwanzig Minuten.

Herr Cometa und seine Sekretärin nehmen ein Taxi und kommen nach zehn Minuten am Ort der Feier an. Die zwei Vögel sind bereits da. Jetzt sind sie nicht so weiß wie normalerweise. Aber sie können wieder schwimmen und fliegen. Es sind viele Menschen, Journalisten und Fotografen da. Zwei Minuten später beginnt die Feier. Herr Cometa beginnt seine Rede.

„Liebe Freunde", sagt er. „Vor einem Monat passierte an dieser Stelle der Unfall mit dem Tanker Gran Polución. Wir müssen jetzt viele Vögel und Tiere gesund pflegen. Das kostet viel Geld. Die Rehabilitation dieser zwei Vögel zum Beispiel kostet fünftausend Euro. Und es freut mich, Ihnen mitteilen zu können, dass diese zwei wunderbaren Vögel nach einem Monat Rehabilitation freigesetzt werden."

Zwei Männer nehmen die Kiste mit den Vögeln, bringen sie zum Wasser und öffnen sie. Die Vögel kommen aus der Kiste, springen ins Wasser und schwimmen. Die Fotografen machen Fotos. Die Journalisten befragen Arbeiter des Rehabilitationszentrums über die Tiere.

Plötzlich taucht ein großer Schwertwal auf, schluckt schnell die zwei Vögel hinunter und verschwindet wieder. Alle Leute sehen auf die

a las dos aves y vuelve a desaparecer. Todo el mundo mira al lugar donde han estado las aves. El rector de la universidad no se lo puede creer. La orca vuelve a aparecer, buscando más aves. Como no hay más aves, la orca desaparece. El Señor Cometa tiene que terminar su discurso.

-Ejem... -está buscando las palabras adecuadas -La vida es un flujo constante y maravilloso. Los animales grandes se alimentan se animales pequeños y así... ejem... ¿qué es eso? -pregunta mirando hacia el mar. Todo el mundo mira al agua y ve un camión grande, flotando a lo largo de la costa, como una barca pequeña. Hay dos chicos sentados encima que miran hacia el lugar de la ceremonia.

-Hola, Señor Cometa -dice Robert-. ¿Por qué alimentan a las orcas con aves?

-Hola, Robert -dice el Señor Cometa-. ¿Qué estáis haciendo, chicos?

-Queríamos lavar el camión -dice David.

-Ya veo -dice el Señor Cometa. Algunas personas empiezan a ver la gracia de la situación. Empiezan a reírse.

-Bueno, voy a llamar al servicio de socorro. Os sacarán del agua. Y mañana os quiero ver en mi despacho -dice el rector de la universidad y llama al servicio de socorro.

Stelle, an der die Vögel zuvor gewesen waren. Der Direktor der Universität traut seinen Augen nicht. Der Schwertwal taucht wieder auf und sucht nach mehr Vögeln. Da es keine Vögel mehr gibt, verschwindet er wieder. Herr Cometa muss seine Rede beenden.

„Ähm..." Er sucht nach passenden Worten. „Der wundervolle, beständige Fluss des Lebens hört nie auf. Größere Tiere essen kleinere Tiere und so weiter... Ähm... Was ist das?", fragt er aufs Wasser schauend. Alle schauen aufs Wasser und sehen einen großen Laster, der die Küste entlang treibt und auf den Wellen schaukelt wie ein Schiff. Zwei Jungen sitzen auf ihm und schauen zum Platz der Feier.

„Hallo Herr Cometa", sagt Robert. „Warum füttern Sie Schwertwale mit Vögeln?"

„Hallo Robert", antwortet Herr Cometa. „Was macht ihr da, Jungs?"

„Wir wollten den Laster waschen", sagt David.

„Alles klar", sagt Herr Cometa. Einige Leute beginnen, an der Situation ihren Spaß zu haben. Sie fangen an, zu lachen.

„Gut, ich rufe jetzt den Rettungsdienst. Der wird euch aus dem Wasser holen. Und ich möchte euch morgen in meinem Büro sehen", sagt der Direktor der Universität und ruft den Rettungsdienst.

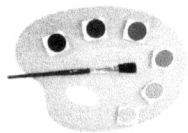

21

Una clase
Eine Unterrichtsstunde

 A

Palabras

1. actuar - handeln
2. agitar - bewegen, schütteln
3. arena - Sand
4. atención - Aufmerksamkeit
5. clase - Klasse
6. cosa - Ding
7. demás - weitere, übrige
8. entre - zwischen
9. espacio - Raum, Platz
10. felicidad - Glück
11. imaginar - vorstellen
12. importante - wichtig
13. jarra - Krug
14. lavado de coches - Waschanlage (für Autos)
15. ligeramente - leicht

16. más - mehr
17. menos - weniger
18. niños, niñas - Kinder
19. novio, novia - Freund/Partner, Freundin/Partnerin
20. ocuparse - kümmern
21. padres - Eltern
22. pensar - denken
23. pequeño - klein
24. perder - verlieren
25. piedra - Stein
26. quedar - bleiben
27. revisión médica - ärztliche Kontrolle
28. salud - Gesundheit
29. siempre - immer
30. silencio - Stille
31. sin - ohne
32. sitio - Platz
33. televisión - Fernsehen
34. usar - benutzen
35. vacío - leer
36. verter - schütten, gießen

B

Una clase

El rector de la universidad está dando una clase. Hay algunas cajas y demás cosas en la mesa. Al comenzar la clase, coge una jarra grande y vacía y la llena en silencio con piedras grandes.

-¿Creéis que la jarra ya está llena? -pregunta el Señor Cometa a sus estudiantes.

-Sí, está llena -dicen los estudiantes.

Después coge una caja con piedras pequeñas y las vierte en la jarra. La agita ligeramente. Claro que las piedras pequeñas llenan los espacios entre las piedras grandes.

-¿Y ahora? ¿Está llena la jarra o no? -vuelve a preguntar el Señor Cometa.

-Sí, está llena. Ahora sí -vuelven a decir los estudiantes. La clase empieza a gustarles. Se ríen.

El Señor Cometa coge una caja con arena y la vierte en la jarra. Claro que la arena llena

Eine Unterrichtsstunde

Der Direktor der Universität steht vor der Klasse. Auf dem Tisch vor ihm liegen Kisten und andere Dinge. Als der Unterricht beginnt, nimmt er einen großen, leeren Krug und füllt ihn wortlos mit großen Steinen.

„Meint ihr, dass der Krug schon voll ist?", fragt Herr Cometa die Studenten.

„Ja, das ist er", stimmen die Studenten zu.

Da nimmt er eine Kiste mit sehr kleinen Steinen und schüttet sie in den Krug. Er schüttelt den Krug leicht. Die kleinen Steine füllen natürlich den Platz zwischen den großen Steinen.

„Was meint ihr jetzt? Der Krug ist voll, oder nicht?", fragt Herr Cometa wieder.

„Ja, das ist er. Er ist jetzt voll", stimmen die Studenten wieder zu. Der Unterricht beginnt, ihnen Spaß zu machen. Sie lachen.

Da nimmt Herr Cometa eine Kiste mit Sand und schüttet ihn in den Krug. Der Sand füllt

todos los espacios que quedan.

-Ahora quiero que os imaginéis vuestra vida como una jarra así. Las piedras grandes son las cosas importantes: vuestra familia, vuestro novio o vuestra novia, vuestra salud, vuestros hijos, vuestros padres. Si perdéis todo y sólo os quedan estas cosas, seguirán llenando vuestra vida. Las piedras pequeñas son cosas menos importantes, como vuestra casa, vuestro trabajo, vuestro coche. La arena es todo lo demás - las cosas pequeñas. Si empecéis a llenar la jarra con arena, no os quedará sitio para las piedras grandes y pequeñas. Lo mismo pasa en la vida. Si usáis todo vuestro tiempo y vuestra energía para las cosas pequeñas, nunca tendréis espacio para las cosas importantes. Prestad atención a las cosas que son las más importantes para vuestra felicidad. Jugad con vuestros hijos o padres. Tomaos el tiempo para las revisiones médicas. Llevad a vuestra novia o a vuestro novio a una cafetería. Siempre habrá tiempo para trabajar, limpiar la casa o ver la televisión. -dice el Señor Cometa-. Primero ocupaos de las piedras grandes, de las cosas realmente importantes, todo lo demás sólo es arena.

Mira a sus estudiantes. -Bueno, Robert y David, ¿qué es más importante, lavar un camión o vuestra vida? Flotabais en el mar encima de un camión, como en una barca, sólo porque lo queríais lavar. ¿No creéis que haya otras posibilidades de lavarlo?

-No, no lo creemos -dice David.

-Se puede lavar a un camión en un lavado de coches, ¿verdad? -dice el Señor Cometa.

-Sí, se puede -dicen los estudiantes.

-Siempre tenéis que pensar antes de actuar. Siempre tenéis que ocuparos de las piedras grandes primero. ¿De acuerdo?

-Sí, de acuerdo -contestan los estudiantes.

natürlich den restlichen Platz.

„Jetzt möchte ich, dass ihr in diesem Krug das Leben seht. Die großen Steine sind wichtige Dinge - eure Familie, eure Freundin oder euer Freund, Gesundheit, Kinder, Eltern - Dinge, die euer Leben, wenn ihr alles verliert und nur sie bleiben, weiterhin füllen. Kleine Steine sind andere Dinge, die weniger wichtig sind. Dinge wie euer Haus, euer Job, euer Auto. Der Sand ist alles andere - die kleinen Dinge. Wenn ihr zuerst Sand in den Krug füllt, bleibt kein Platz für kleine oder große Steine. Das Gleiche gilt fürs Leben. Wenn ihr eure ganze Zeit und Energie für die kleinen Dinge verwendet, werdet ihr nie Platz für die Dinge haben, die euch wichtig sind. Achtet auf Dinge, die für euer Glück am wichtigsten sind. Spielt mit euren Kindern oder Eltern. Nehmt euch die Zeit für medizinische Untersuchungen. Geht mit eurer Freundin oder eurem Freund ins Café. Es wird immer Zeit bleiben, um zu arbeiten, das Haus zu putzen oder fernzusehen", sagt Herr Cometa. „Kümmert euch erst um die großen Steine - um die Dinge, die wirklich wichtig sind. Alles andere ist nur Sand." Er sieht die Studenten an. „Nun, Robert und David, was ist euch wichtiger - einen Laster zu waschen oder euer Leben? Ihr treibt auf einem Laster im Meer wie auf einem Schiff, nur weil ihr den Laster waschen wolltet. Glaubt ihr, dass es keine andere Möglichkeit gibt, ihn zu waschen?"

„Nein, das glauben wir nicht", sagt David.

„Man kann einen Laster stattdessen in einer Waschanlage waschen, nicht wahr?", sagt Herr Cometa.

„Ja, das kann man", sagen die Studenten.

„Ihr müsst immer erst nachdenken, bevor ihr handelt. Ihr müsst euch immer um die großen Steine kümmern, okay?"

„Ja, das müssen wir", antworten die Studenten.

22

Paul trabaja en una editorial

Paul arbeitet in einem Verlag

 A

Palabras

1. animal doméstico - Haustier
2. artículo - Artikel
3. asegurarse - sich versichern, sicherstellen
4. astucia - Trick, Schläue
5. ayudante - Helfer
6. cara - Gesicht
7. cliente - Kunde
8. compañía - Firma
9. componer - erstellen, verfassen
10. contestador automático - Anrufbeantworter
11. coordinación - Koordination
12. creativo, creativa - kreativ
13. deber - sollen
14. derecho - Recht
15. desarrollar - entwickeln
16. diario, diaria - täglich
17. diferente - verschieden
18. difícil - schwierig

19. divertido, divertida - lustig
20. dormir - schlafen
21. encargo - Auftrag
22. esbozo - Entwurf
23. escalera, escaleras - Stiege, Stiegen
24. especialmente - besonders
25. frío - kalt
26. fuera - draussen
27. futuro - future
28. girar - drehen, umdrehen
29. grabar - aufnehmen
30. grabación - Aufnahme
31. gracioso, graciosa - funny
32. habilidad - Können, Fertigkeit
33. historia - Geschichte
34. humano - Mensch
35. inventar - erfinden
36. jugar - spielen
37. listo - bereit, fertig
38. lluvia - Regen
39. nariz - Nase
40. noche - Nacht

41. pájaro, pájaros - Vogel, Vögel
42. palabra - Wort
43. pensamiento, pensamientos - Gedanke, Gedanken
44. permanecer - bleiben
45. pez, peces - Fisch, Fische
46. profesión - Beruf
47. rechazar - verweigern
48. recibir - erhalten, empfangen
49. redactar - schreiben, verfassen
50. regla - Regel
51. revista - Zeitschrift
52. salvo - außer
53. señal - Signal
54. siguiente - folgend
55. suficiente - ausreichend
56. te toca - du bist dran
57. texto - Text
58. treinta - dreißig
59. triste - traurig
60. vez - Mal (tantas veces - so oft)

Paul trabaja en una editorial

Paul trabaja como ayudante en la editorial All-Round. Redacta textos.

-Paul, nuestra empresa se llama All-Round -dice el jefe de la empresa, el Señor Zorro.

-Significa que podemos inventar un texto y un diseño para cualquier cliente.

Paul arbeitet in einem Verlag

Paul arbeitet als junger Helfer im Verlag All-Round. Er erledigt Schreibarbeiten.

„Paul, unsere Firma heißt All-Round", sagt der Firmenchef Herr Zorro. „Und das heißt, dass wir für jeden Kunden jede Art von Text und Design entwickeln können. Wir bekommen viele Aufträge von Zeitungen, Zeitschriften und

Recibimos muchos encargos de periódicos, revistas y otros clientes. Todos los encargos son diferentes, pero no rechazamos ningún encargo.

A Paul le gusta mucho este trabajo, porque puede desarrollar habilidades creativas. Los trabajos creativos como escribir o diseñar le gustan mucho. Como estudia diseño en la universidad, es un trabajo muy adecuado para su futura profesión. Hoy, el Señor Zorro tiene algunas tareas nuevas para él.

-Tenemos varios encargos. Puedes hacer dos de ellos -dice el Señor Zorro-. El primer encargo viene de una compañía telefónica. Producen teléfonos y contestadores automáticos. Necesitan algunos textos divertidos para los contestadores. Productos graciosos es lo que mejor se vende. Compon cuatro o cinco textos, por favor.

-¿Cómo de largo deben ser? -pregunta Paul.

-Entre cinco y treinta palabras -responde el Señor Zorro-. El segundo encargo es de la revista Mundo Verde. Esta revista publica artículos sobre animales, sobre pájaros, peces, etc. Necesitan un texto sobre algún animal doméstico. Puede ser divertido o triste o simplemente una historia de tu propio animal. ¿Tienes un animal en casa?

-Sí, tengo un gato. Se llama Favorite -contesta Paul-. Creo que puedo escribir una historia sobre sus astucias. ¿Cuándo quiere que entregue los textos?

-Estos dos encargos deben estar listos mañana -responde el Señor Zorro.

-Bien. ¿Puedo empezar? -pregunta Paul.

-Sí -dice el Señor Zorro.

Paul entrega los textos al día siguiente. Tiene cinco textos para el contestador. El

anderen Kunden. Alle Aufträge sind verschieden, aber wir lehnen nie einen ab."

Paul mag diesen Job sehr, da er kreative Fähigkeiten entwickeln kann. Kreative Arbeit wie Schreiben und Design gefällt ihm. Da er Design an der Universität studiert, ist es ein passender Job für seinen zukünftigen Beruf.

Heute hat Herr Zorro neue Aufgaben für ihn.

„Wir haben einige Aufträge. Du kannst zwei davon erledigen", sagt Herr Zorro. „Der erste Auftrag ist von einer Telefonfirma. Sie stellen Telefone mit Anrufbeantwortern her. Sie brauchen ein paar lustige Texte für die Anrufbeantworter. Nichts verkauft sich besser als etwas Lustiges. Entwirf' bitte vier, fünf Texte."

„Wie lang sollen sie sein?", fragt Paul.

„Sie können fünf bis dreißig Wörter haben", antwortet Herr Zorro. „Der zweite Auftrag ist von der Zeitung ‚Grüne Welt'. Diese Zeitung schreibt über Tiere, Vögel, Fische usw. Sie brauchen einen Text über irgendein Haustier. Er kann lustig oder traurig sein oder einfach eine Geschichte über dein eigenes Haustier. Hast du ein Haustier?"

„Ja, ich habe eine Katze. Sie heißt Favorite", antwortet Paul. „Und ich denke, ich kann eine Geschichte über ihre Streiche schreiben. Wann sollen die Texte fertig sein?"

„Diese zwei Aufträge sollen bis morgen fertig sein", antwortet Herr Zorro.

„Gut. Kann ich anfangen?", fragt Paul.

„Ja", sagt Herr Zorro.

Paul bringt die Texte am nächsten Tag. Er hat fünf Texte für den Anrufbeantworter. Herr Zorro

Señor Zorro los lee:

1. Hola. Ahora te toca a ti decir algo.
2. Hola. Soy un contestador. ¿Y tú qué eres?
3. Hola. No hay nadie en casa salvo mi contestador. Puedes hablar con él. Espera la señal.
4. Esto no es un contestador. Es una máquina de grabación de pensamientos. Después de la señal, piensa en tu nombre, en la razón por la que llamas, y en tu número para que pueda devolver la llamada. Y después yo voy a pensar si te llamo o no.
5. ¡Hable después de la señal! Tiene el derecho de permanecer en silencio. Cualquier cosa que diga será grabada y usada.

-No está mal. ¿Y el texto sobre animales? -pregunta el Señor Zorro. Paul le da otra hoja. El Señor Zorro lee:

Algunas reglas para gatos

Correr:

Tantas veces como sea posible, pasa corriendo justo al lado de un humano, especialmente: en escaleras, cuando tienen algo en sus manos, en la oscuridad, y por las mañanas cuando se levantan. Esto entrenará su coordinación.

En la cama:

Por las noches siempre duerme encima del humano, para que no se pueda girar. Intenta dormir encima de su cara. Asegúrate que tu cola esté justo encima de su nariz.

Dormir:

Para tener energía suficiente para jugar, un gato debe dormir mucho (al menos dieciséis horas diarias). No es difícil encontrar un lugar adecuado para

liest sie:

1. „Hallo. Jetzt musst du etwas sagen."
2. „Hallo, ich bin ein Anrufbeantworter. Und was bist du?"
3. „Hallo. Außer meinem Anrufbeantworter ist gerade niemand zu Hause. Du kannst dich mit ihm unterhalten. Warte auf den Piepton."
4. „Das ist kein Anrufbeantworter. Das ist ein Gedankenaufnahmegerät. Nach dem Piepton denke an deinen Namen, den Grund, aus dem du anrufst, und die Nummer, unter der ich dich zurückrufen kann. Und ich werde darüber nachdenken, ob ich dich zurückrufe."
5. „Sprechen Sie nach dem Piepton! Sie haben das Recht, Ihre Aussage zu verweigern. Ich werde alles, was Sie sagen, aufzeichnen und verwenden."

„Nicht schlecht. Und was ist mit den Tieren?", fragt Herr Zorro. Paul gibt ihm ein anderes Blatt. Herr Zorro liest:

Regeln für Katzen

Laufen:

Renne so oft wie möglich schnell und nahe an einem Menschen vorbei, vor allem: auf Treppen, wenn sie etwas tragen, im Dunkeln und wenn sie morgens aufstehen. Das trainiert ihre Koordination.

Im Bett:

Schlafe nachts immer auf dem Menschen, damit er sich nicht umdrehen kann. Versuche, auf seinem Gesicht zu liegen. Vergewissere dich, dass dein Schwanz genau auf seiner Nase liegt.

Schlafen:

Um genug Energie zum Spielen zu haben, muss eine Katze viel schlafen (mindestens sechzehn Stunden am Tag). Es ist nicht schwer, einen passenden Schlafplatz zu finden. Jeder Platz, an

dormirse. Puedes usar cualquier lugar donde les gusta sentarse a los humanos. Fuera también hay muchos buenos lugares, pero no los debes usar cuando llueve o hace frío. En este caso puedes usar la ventana.

El Señor Zorro se ríe y dice: -¡Buen trabajo, Paul! Creo que tu esbozo le gustará a la revista Mundo Verde.

dem ein Mensch gerne sitzt, ist gut. Draußen gibt es auch viele gute Plätze. Du kannst sie aber nicht verwenden, wenn es regnet oder kalt ist. Du kannst stattdessen das offene Fenster verwenden.

Herr Zorro lacht.

„Gute Arbeit, Paul! Ich denke, die Zeitung ‚Grüne Welt' wird deinen Entwurf mögen", sagt er.

23

Reglas para gatos
Katzenregeln

A

Palabras

1. a pesar de - trotz
2. abierto, abierta - offen
3. afecto - Zuneigung
4. amo de la casa - Hausherr
5. besar - küssen
6. bol - Schüssel
7. bolígrafo - Kugelschreiber
8. caminar - gehen
9. causar - verursachen
10. cocinar - kochen
11. conseguir - erreichen
12. cruzar - kreuzen, durchgehen
13. de vez en cuando - manchmal
14. deberes - Hausaufgaben

15. detrás - hinter
16. dirigir a - richten an
17. entero - ganz
18. enviar - senden
19. escapar - entwischen, weglaufen
20. esconder - verstecken
21. escondite - Versteck
22. frotar - reiben
23. hegemonía mundial - Weltherrschaft
24. invitado, invitada - Gast
25. lograr - erreichen
26. morder - beißen
27. manera - Art, Weise
28. máximo - maximal
29. mosquito - Stechmücke
30. olvidar - vergessen
31. pánico - Panik
32. persona - Person
33. pensativo, pensativa - nachdenklich
34. pierna - Bein
35. pisar - treten
36. planeta - Planet
37. plato - Teller
38. posibilidad - Möglichkeit
39. raro, rara - seltsam
40. rico, rica - lecker; reich
41. robar - stehlen
42. secreto, secreta - geheim
43. servicio - Toilette
44. teclado - Tastatur
45. temporada - Zeit, Saison

Reglas para gatos

-La revista Mundo Verde nos ha enviado un nuevo encargo -le dice el Señor Zorro a Paul al día siguiente-. Y este encargo está dirigido a ti. Les ha gustado tu esbozo y quieren un texto más largo sobre las reglas para gatos.

Paul necesita dos días para terminar este texto. Aquí lo tenéis:

Algunas reglas secretas para gatos

A pesar de que los gatos son los animales más buenos y más maravillosos en este planeta, a veces hacen cosas muy raras. Un humano ha conseguido robar algunos de estos secretos para gatos. ¡Son reglas de

Katzenregeln

„Die Zeitschrift ‚Grüne Welt' hat uns einen neuen Auftrag erteilt", sagt Herr Zorro am nächsten Tag zu Paul. „Und dieser Auftrag ist für dich. Ihnen hat dein Entwurf gefallen und sie wollen einen längeren Text über ‚Katzenregeln'."

Paul braucht zwei Tage für diesen Text. Hier ist er:

Geheime Regeln für Katzen

Obwohl Katzen die besten und wundervollsten Tiere auf diesem Planeten sind, tun sie manchmal sehr seltsame Dinge. Einem Menschen ist es gelungen, ein paar Katzengeheimnisse zu stehlen. Es sind

vida para conseguir la hegemonía mundial! Lo que no queda claro es cómo estas reglas ayudarán a los gatos a conseguirla.

En el baño:

Siempre ve al baño y al servicio con los invitados. No tienes que hacer nada. Simplemente siéntate, míralos y frótate en sus piernas de vez en cuando.

Puertas:

Todas las puertas deben estar abiertas. Para abrirlas, siéntate delante de un humano y mírale con una cara triste. Cuando el humano te abre una puerta, no tienes que cruzarla. Si has logrado abrir la puerta de casa de esta manera, quédate en la puerta y pon una cara pensativa. Esto es especialmente importante si hace mucho frío, si llueve o si es temporada de mosquitos.

En la cocina:

Siéntate siempre detrás del pie derecho de un humano que está cocinando. Así no te podrá ver y hay más posibilidad de que te pise. Si esto pasa, te cogerá en los brazos y te dará algo rico de comer.

Al leer:

Intenta acercarte lo máximo a la cara de la persona que está leyendo, justo entre sus ojos y el libro. Lo mejor es estirarse encima del libro.

Deberes de los niños:

Estírate encima de los libros y cuadernos y pretende estar dormido. De vez en cuando caza el bolígrafo. En el caso de que el niño intente echarte de la mesa, puedes morderle.

Ordenador:

Si un humano trabaja con el ordenador, salta encima de la mesa y camina sobre el teclado.

Lebensregeln, um die Weltherrschaft zu übernehmen! Es bleibt jedoch ein Rätsel, wie diese Regeln den Katzen helfen sollen.

Badezimmer:

Gehe immer mit Gästen ins Badezimmer und auf die Toilette. Du musst nichts tun. Sitze einfach nur da, sieh' sie an und reibe dich ab und zu an ihren Beinen.

Türen:

Alle Türen müssen offen sein. Um eine Tür zu öffnen, stelle dich mit einem traurigen Blick vor den Menschen. Wenn er eine Tür öffnet, musst du nicht durchgehen. Wenn du auf diese Weise die Haustür geöffnet hast, bleibe in der Tür stehen und denke nach. Das ist vor allem wichtig, wenn es sehr kalt ist oder regnet oder in der Stechmückenzeit.

Kochen:

Setze dich immer genau hinter den rechten Fuß von kochenden Menschen. So können sie dich nicht sehen und die Chance ist größer, dass sie auf dich treten. Wenn das passiert, nehmen sie dich auf den Arm und geben dir etwas Leckeres zu essen.

Lesen:

Versuche, nahe an das Gesicht der lesenden Person zu kommen, zwischen Augen und Buch. Am besten ist es, sich auf das Buch zu legen.

Hausaufgaben der Kinder:

Lege dich auf Bücher und Hefte und tue so, als ob du schläfst. Springe von Zeit zu Zeit auf den Stift. Beiße, falls ein Kind versucht, dich vom Tisch zu verscheuchen.

Computer:

Wenn ein Mensch am Computer arbeitet, springe auf den Tisch und laufe über die Tastatur.

Comida:

Gatos necesitan comer mucho. Pero conseguir la comida es igual de divertido que comer. Si ves a un humano comiendo, pon tu cola en su plato cuando no está mirando. Así tienes más posibilidades de conseguir un plato entero de comida. Nunca come de tu propio plato si puedes coger comida de la mesa. Nunca bebe de tu bol cuando puedes beber de la taza de un humano.

Escondites:

Escóndete en lugares donde los humanos no te podrán encontrar durante varios días. Eso les causará pánico (una sensación que les encanta), porque pensarán que te has escapado. Cuando sales de tu escondite, te besarán y te mostrarán su afecto. Y quizá te darán algo rico para comer.

Humanos:

La tarea de los humanos es alimentarnos, jugar con nosotros y limpiar nuestra arena. Es importante que no olviden quién es el amo de la casa.

Essen:

Katzen müssen viel essen. Aber Essen ist nur der halbe Spaß. Die andere Hälfte ist, das Essen zu bekommen. Wenn Menschen essen, lege deinen Schwanz auf ihren Teller, wenn sie nicht hinsehen. Damit vergrößerst du deine Chancen, einen ganzen Teller Essen zu bekommen. Iss nie von deinem eigenen Teller, wenn du Essen vom Tisch nehmen kannst. Trink nie aus deiner eigenen Schüssel, wenn du aus der Tasse eines Menschen trinken kannst.

Verstecken:

Verstecke dich an Orten, an denen dich Menschen ein paar Tage lang nicht finden können. Das wird die Menschen in Panik versetzen (was sie lieben), weil sie glauben, dass du weggelaufen bist. Wenn du aus deinem Versteck hervorkommst, werden sie dich küssen und dir ihre Liebe zeigen. Und du bekommst vielleicht etwas Leckeres.

Menschen:

Die Aufgabe des Menschen ist, uns zu füttern, mit uns zu spielen und unsere Kiste sauber zu machen. Es ist wichtig, dass sie nicht vergessen, wer der Chef im Haus ist.

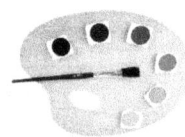

24

Trabajo de equipo
Gruppenarbeit

A

Palabras

1. absurdo - absurd
2. acabado - beendet
3. acordarse - sich erinnern
4. apuntar - zielen auf
5. bailar - tanzen
6. billón - Billion
7. caer - fallen
8. capitán - Kapitän
9. comentar - kommentieren, besprechen
10. compañero de trabajo - Arbeitskollege
11. comunicar - mitteilen
12. contra - gegen
13. corto, corta - kurz
14. darse por vencido - aufgeben
15. dejar - verlassen
16. derecho, derecha - rechts
17. destruye - zerstören
18. doler - schmerzen, bedauern
19. época - Zeitraum
20. extraterrestre - Alien, Außerirdischer
21. fácil - einfach
22. feliz - glücklich

23. flor - Blume
24. golpear - schlagen
25. guerra - Krieg
26. hasta - bis
27. impactar - einschlagen
28. izquierdo, izquierda - links
29. jardín - Garten
30. justo antes - gerade vorher
31. láser - Laser
32. matar - töten
33. metálico - metallisch
34. mil - Tausend (miles - Tausende)
35. misión - Mission
36. morir - sterben
37. motor principal - Hauptmotor
38. nave espacial - Raumschiff
39. participar - teilnehmen
40. pobre - arm
41. querer - mögen, lieben
42. radar - Radar
43. radio - Funkgerät
44. recordar - erinnern
45. rendir - aufgeben
46. sacudir - schütteln
47. sonrisa - Lächeln
48. televisor - Fernsehgerät
49. tierra - Erde

 B

Trabajo de equipo

David quiere ser periodista. Estudia en la universidad. Hoy tiene una clase sobre como redactar textos. El Señor Cometa les enseña a los estudiantes escribir artículos.

-Estimados amigos -dice- algunos de vosotros trabajaréis para editoriales, periódicos, revistas, la radio o la televisión. Significa que trabajaréis en un grupo. No es fácil trabajar en un equipo. Quiero que ahora intentéis de escribir un texto periodístico en grupo. Necesito a un chico y a una chica.

Muchos estudiantes quieren participar en el ejercicio. El Señor Cometa escoge a David y a Carol. Carol es de los Estados Unidos, pero habla muy bien español.

-Sentaos en esta mesa, por favor. Ahora sois

Gruppenarbeit

David will Journalist werden. Er studiert an der Universität. Heute hat er einen Schreibkurs. Herr Cometa bringt den Studenten bei, Artikel zu schreiben.

„Liebe Freunde", sagt er, „ein paar von euch werden für Verlage, Zeitungen oder Zeitschriften, das Radio oder das Fernsehen arbeiten. Das bedeutet, dass ihr in einer Gruppe arbeiten werdet. Es ist nicht einfach, in einer Gruppe zu arbeiten. Ich möchte, dass ihr jetzt versucht, in einer Gruppe einen journalistischen Text zu schreiben. Ich brauche einen Jungen und ein Mädchen."

Viele Studenten wollen bei der Gruppenarbeit mitmachen. Herr Cometa wählt David und Carol. Carol kommt aus den USA, aber sie spricht sehr gut Spanisch.

„Setzt euch bitte an diesen Tisch. Ihr seid jetzt

compañeros de trabajo -les dice el Señor Cometa-. Escribiréis un texto corto. Uno de vosotros empieza a escribir y después pasa el texto a su compañero. El compañero lo lee y lo continúa. Después lo devuelve, la primera persona vuelve a leerlo y lo continúa. Y así hasta que se termine el tiempo. Tenéis veinte minutos.

El Señor Cometa les da hojas y Carol comienza. Piensa un poco y empieza a escribir.

Trabajo en equipo

Carol: Julia miraba por la ventana. Las flores en su jardín se movían en el viento, como si bailaran. Se acordaba de aquella tarde, en la que había bailado con Billy. Había sido hace un año, pero lo recordaba todo - sus ojos azules, su sonrisa, su voz. Para ella había sido una época muy feliz, pero ahora todo era diferente. ¿Por qué no estaba con ella?

David: En este instante el capitán Billy Brisk estaba en su nave espacial White Star. Tenía una misión importante y no tenía tiempo de pensar en esta chica tonta con la que había bailado hace un año. Rápidamente apuntó el láser de su nave White Star a las naves de los extraterrestres. Después encendió la radio y les dijo a los extraterrestres: -Tenéis una hora para rendiros. Si no os dais por vencidos en menos de una hora, os destruiré. Justo antes de que pudiera terminar su discurso, un láser de los extraterrestres impactó en el motor izquierdo de la White Star. Con el láser Billy comenzó a disparar a las naves extraterrestres y al mismo tiempo encendió el motor principal y el motor derecho. El láser de los extraterrestres destruyó el motor activo derecho y el impacto sacudió la White Star. Billy cayó al suelo, pensando en qué nave extraterrestre debía destruir primero.

Carol: Pero se golpeó la cabeza en el suelo metálico y murió en el instante. Justo antes

Kollegen", sagt Herr Cometa zu ihnen. „Ihr werdet einen kurzen Text schreiben. Einer von euch beginnt den Text und gibt ihn dann seinem Kollegen. Der Kollege liest den Text und führt ihn fort. Dann gibt euer Kollege ihn zurück, der Erste liest ihn und führt ihn fort. Und so weiter, bis die Zeit vorbei ist. Ihr habt zwanzig Minuten."

Herr Cometa gibt ihnen Papier, und Carol fängt an. Sie denkt kurz nach und schreibt dann.

Gruppenarbeit

Carol: Julia sah aus dem Fenster. Die Blumen in ihrem Garten bewegten sich im Wind, als ob sie tanzten. Sie erinnerte sich an den Abend, an dem sie mit Billy getanzt hatte. Das war vor einem Jahr gewesen, aber sie erinnerte sich an alles - seine blauen Augen, sein Lächeln, seine Stimme. Es war eine glückliche Zeit für sie gewesen, aber sie war nun vorbei. Warum war er nicht bei ihr?

David: Zu dieser Zeit war Raumschiffkapitän Billy Brisk in seinem Raumschiff White Star. Er hatte eine wichtige Mission und keine Zeit, über dieses dumme Mädchen, mit dem er vor einem Jahr getanzt hatte, nachzudenken. Schnell richtete er den Laser der White Star auf die Raumschiffe Außerirdischer. Dann stellte er das Funkgerät an und sprach zu den Außerirdischen: „Ihr habt eine Stunde, um aufzugeben. Wenn ihr in einer Stunde nicht aufgebt, werde ich euch zerstören." Kurz bevor er seine Rede beendet hatte, traf jedoch ein Laser der Außerirdischen den linken Motor der White Star. Billys Laser begann, auf die Raumschiffe der Außerirdischen zu schießen, und gleichzeitig schaltete Billy den Hauptmotor und den rechten Motor an. Der Laser der Außerirdischen zerstörte den funktionierenden rechten Motor, und die White Star wackelte stark. Billy fiel auf den Boden und überlegte währenddessen, welches der Raumschiffe der Außerirdischen er zuerst zerstören musste.

Carol: Aber er schlug mit seinem Kopf auf dem metallenen Boden auf und war sofort tot. Bevor

de morir pensó en la pobre chica que era tan bonita y que le quería, y le dolió mucho haberla dejado. Poco después, los humanos terminaron esta guerra absurda contra los pobres extraterrestres. Destruyeron todas sus naves espaciales y todos los láseres, y comunicaron a los extraterrestres que los humanos nunca más llevarían una guerra contra ellos. Los humanos decían que querían hacerse amigos de los extraterrestres. Julia estaba muy contenta cuando escuchó la noticia. Después encendió la televisión y siguió mirando una fantástica serie alemana.

David: Dado que los humanos habían destruido sus rádares y láseres, nadie podía saber que las naves de los extraterrestres se acercaban mucho a la tierra. Miles de láseres de los extraterrestres impactaron en la tierra y mataron a la pobre y hermosa Julia y a cinco billones otras personas en un segundo. La tierra quedó destruida y sus partes volaron por todo el universo.

-Veo que habéis terminado el texto antes de que se acabara el tiempo -dice el Señor Cometa sonriendo-. Bien, terminamos la clase. La próxima vez leeremos este trabajo de equipo y lo comentaremos.

er starb, dachte er noch an das arme schöne Mädchen, das ihn liebte, und es tat ihm sehr leid, dass er es verlassen hatte. Kurz darauf beendeten die Menschen den dummen Krieg gegen die armen Außerirdischen. Sie zerstörten all ihre eigenen Raumschiffe und Laser und teilten den Außerirdischen mit, dass die Menschen nie wieder einen Krieg gegen sie beginnen würden. Die Menschen sagten, sie wollten Freunde der Außerirdischen sein. Julia war sehr froh, als sie davon hörte. Dann machte sie den Fernseher an und schaute eine tolle deutsche Serie weiter.

David: Da die Menschen ihre eigenen Radare und Laser zerstört hatten, wusste niemand, dass Raumschiffe der Außerirdischen der Erde sehr nahe kamen. Tausende Laser der Außerirdischen trafen die Erde und töten die arme, dumme Julia und fünf Billionen Menschen in einer Sekunde. Die Erde war zerstört, und ihre Teile flogen in den Weltraum hinaus.

„Wie ich sehe, habt ihr euren Text fertig, bevor die Zeit um ist", sagte Herr Cometa lächelnd. „Gut, der Unterricht ist vorbei. Lasst uns das nächste Mal diese Gruppenarbeit lesen und darüber sprechen."

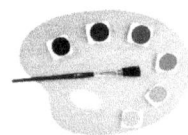

25

Robert y David están buscando un nuevo trabajo
Robert und David suchen einen neuen Job

A

Palabras

1. adecuar - anpassen
2. artista - Künstler, Künstlerin
3. anuncio - Anzeige
4. apartado - Absatz, Teil
5. atención al cliente - Kundenservice, Kunden bedienen
6. cachorro - Welpe
7. camionero - Lastwagenfahrer
8. cantante - Sänger, Sängerin
9. categoría - Kategorie
10. cuestionario - Fragebogen
11. cuidador de animales, cuidadora de animales - Tierpfleger, Tierpflegerin
12. dejar de - aufhören zu
13. directamente - direkt
14. edad - Alter

15. en voz alta - laut
16. escoger - auswählen, aussuchen
17. escritor - Schriftsteller, Autor
18. esperar - (er)warten
19. evaluar - bewerten
20. gato, gata - Kater, Katze (Verkleinerungsform: gatito, gatita)
21. granjero - Bauer
22. gratuito - gratis
23. talento - Begabung
24. idea - Idee
25. ingeniero, ingeniera - Ingenieur, Ingenieurin
26. lactancia - Stillzeit
27. levantar la mirada - den Blick heben
28. liderazgo - Führung
29. mascota - Haustier
30. maestro, maestra - Lehrer, Leherin
31. médico, médica - Arzt, Ärztin
32. memorizar - merken, auswendig lernen
33. método - Methode
34. monótono - monoton
35. odiar - hassen
36. página - Seite
37. pasear - spazieren gehen
38. perfil - Profil
39. pote - Topf, Kessel
40. programador - Programmierer
41. rata - Ratte
42. recomendar - empfehlen
43. rellenar - ausfüllen
44. ruso, rusa - Russe, Russin
45. ruso - Russisch
46. sacar a pasear - Gassi gehen (pasear al perro - den Hund spazieren führen)
47. spaniel - Spaniel (Hunderasse)
48. sucio, sucia - dreckig
49. soñar - träumen (soñar despierto - tagträumen)
50. traductor, traductora - Übersetzer, Übersetzerin
51. valorar - einschätzen
52. vender - verkaufen
53. verificar - kontrollieren, überprüfen
54. veterinario - Tierarzt
55. viajar - reisen
56. vigilar - beobachten

 B

Robert y David están buscando un nuevo trabajo

Robert y David están en la casa de David. Después del desayuno, David está limpiando la mesa y Robert está leyendo anuncios en el periódico. Está leyendo el apartado sobre animales. Nancy, la

Robert und David suchen einen neuen Job

Robert und David sind bei David zu Hause. David macht den Tisch nach dem Frühstück sauber, und Robert liest Anzeigen und Inserate in der Zeitung. Er liest die Rubrik „Tiere". Davids Schwester Nancy ist auch im Zimmer.

hermana de David, también está en la habitación. Intenta coger al gato que se esconde debajo de la cama.

-En el periódico hay tantos animales gratuitos. Creo que escogeré a algún gato o perro. David, ¿qué piensas? -pregunta Robert.

-Nancy, ¡deja de molestar al gato! -dice David enfadado-. Bueno, Robert, no es mala idea. Un animal doméstico siempre te espera en casa y se pondrá muy contento cuando llegas y le das algo de comer. Pero no te olvides que por las mañanas y por las noches tendrás que sacarlo a pasear o tendrás que limpiar su caja. A veces tendrás que limpiar el suelo o llevar a tu mascota al veterinario. Así que piénsatelo bien antes de acoger a un animal.

-Bueno, aquí hay algunos anuncios. Escucha -dice Robert y comienza a leer en voz alta- Se ha encontrado un perro blanco y sucio, se parece a una rata. Puede que haya vivido mucho tiempo en la calle. Lo vendo.

Y aquí otra: -Perro ruso, habla ruso. Lo regalo. También regalo cachorros gratis, son mitad spaniel mitad perro astuto del vecino.

Robert le mira a David: -¿Cómo puede un perro hablar ruso?

-Un perro puede entender ruso. ¿Entiendes ruso? -pregunta David con una sonrisa.

-No entiendo ruso. Aquí hay otro anuncio, escucha: Regalo gatitos de una granja. Lactancia terminada, pueden comer de todo.

Robert pasa la página. -Bueno, creo que los animales pueden esperar. Mejor que busque un trabajo. Encuentra las ofertas de empleo y empieza a leer en voz alta:

-¿Está buscando un trabajo que se adecue a su perfil? La agencia de empleo Empleados Adecuados le puede ayudar. Nuestros

Sie versucht, die Katze, die sich unterm Bett versteckt, zu fangen.

„Es gibt so viele kostenlose Tiere in der Zeitung. Ich denke, ich werde mir eine Katze oder einen Hund aussuchen. Was meinst du, David?", fragt Robert.

„Nancy, hör' auf, die Katze zu ärgern", sagt David wütend. „Na ja, Robert, das ist keine schlechte Idee. Dein Haustier wartet immer zu Hause auf dich und ist so glücklich, wenn du nach Hause kommst und ihm Futter gibst. Aber vergiss nicht, dass du morgens und abends mit deinem Tier Gassi gehen oder seine Kiste sauber machen musst. Manchmal musst du den Boden putzen oder mit dem Tier zum Tierarzt gehen. Also, denk gut darüber nach, bevor du dir ein Haustier anschaffst."

„Also, hier sind ein paar Anzeigen. Hör' zu", sagt Robert und beginnt, laut vorzulesen: „Habe einen dreckigen, weißen Hund gefunden, sieht aus wie eine Ratte. Hat vielleicht lange auf der Straße gelebt. Ich gebe ihn für Geld her.

Und hier noch eine: Russischer Hund, spricht Russisch. Gebe ihn kostenlos ab. Und kostenlose Welpen, halb Spaniel, halb schlauer Nachbarshund."

Robert sieht David an: „Wie kann ein Hund Russisch sprechen?"

„Ein Hund kann Russisch verstehen. Verstehst du Russisch?", fragt David grinsend.

„Ich verstehe kein Russisch. Hör' zu, hier ist noch eine Anzeige: Gebe kostenlos Kätzchen vom Bauernhof her. Stillzeit beendet. Sie essen alles."

Robert blättert die Zeitung um. „Na gut, ich denke, Tiere können warten. Ich suche besser einen Job." Er findet die Stellenanzeigen und liest laut:

„Suchen Sie nach einem passenden Job? Die Arbeitsvermittlung ‚Passende Mitarbeiter' kann Ihnen helfen. Unsere Berater

asesores valorarán sus talentos personales y le recomendarán la profesión más adecuada para usted.

Robert levanta la mirada y dice: -¿Qué opinas, David?

-El mejor trabajo para vosotros es lavar camiones en el mar y dejar que se vayan flotando -dice Nancy y sale corriendo rápidamente de la habitación.

-No es mala idea. Vayamos ahora -responde David y saca al gato de un pote donde lo había metido Nancy justo antes.

Robert y David van en bicicleta a la agencia de empleo Empleados Adecuados. No hay cola y entran directamente. Hay dos mujeres. Una está hablando por teléfono. La otra está escribiendo. Les invita a Robert y a David a sentarse. La mujer se llama Señora Correcto. Les pregunta sus nombres y su edad.

-Bien, os voy a explicar el método que usamos. Hay cinco categorías de trabajos:

1. La primera es hombre-naturaleza. Profesiones: granjero, cuidador de animales, etc.
2. La segunda es hombre-máquina. Profesiones: piloto, taxista, camionero, etc.
3. La tercera es hombre-hombre. Profesiones: médico, maestro, periodista, etc.
4. La cuarta es hombre-ordenador. Profesiones: traductor, ingeniero, programador, etc.
5. La quinta es hombre-arte. Profesiones: escritor, artista, cantante, etc.

No recomendamos profesiones adecuadas hasta que os conozcamos un poco mejor. Primero valoraré vuestros talentos personales. Tengo que saber qué os gusta y qué no os gusta. Después sabremos qué

beurteilen Ihre persönliche Begabung und erstellen Ihnen eine Empfehlung für den passendsten Beruf."

Robert sieht auf und sagt: „Was meinst du, David?"

„Der beste Job für euch ist, einen Laster im Meer zu waschen und ihn wegschwimmen zu lassen", sagt Nancy und rennt dann schnell aus dem Zimmer.

„Keine schlechte Idee. Lass uns gleich gehen", antwortet David und holt vorsichtig die Katze aus dem Kessel, in den Nancy sie kurz zuvor gelegt hatte.

Robert und David fahren mit dem Fahrrad zur Arbeitsvermittlung „Passende Mitarbeiter". Es gibt keine Schlange und sie gehen hinein. Zwei Frauen sind da. Eine von ihnen telefoniert. Die andere schreibt etwas. Sie bittet Robert und David, Platz zu nehmen. Sie heißt Frau Correcto. Sie fragt sie nach ihren Namen und ihrem Alter.

„Gut, lasst mich euch die Methode, nach der wir arbeiten, erklären. Seht, es gibt fünf Berufskategorien:

1. Die Erste ist Mensch - Natur. Berufe: Bauer, Tierpfleger usw.
2. Die Zweite ist Mensch - Maschine. Berufe: Pilot, Taxifahrer, Lastwagenfahrer usw.
3. Die Dritte ist Mensch - Mensch. Berufe: Arzt, Lehrer, Journalist usw.
4. Die Vierte ist Mensch - Computer. Berufe: Übersetzer, Ingenieur, Programmierer usw.
5. Die Fünfte ist Mensch - Kunst. Berufe: Schriftsteller, Künstler, Sänger usw.

Wir erstellen Empfehlungen für passende Berufe erst, wenn wir euch besser kennengelernt haben. Lasst mich zuerst eure persönlichen Begabungen beurteilen. Ich muss wissen, was ihr mögt und was ihr nicht mögt. Dann wissen wir, welcher Beruf am besten zu

profesión es la más adecuada para vosotros. Por favor, rellenad el cuestionario -dice la Señora Correcto y les da los cuestionarios. David y Robert rellenan los cuestionarios.

Cuestionario

Nombre: David Tweeter

Vigilar máquinas - No me molesta

Hablar con gente - Me gusta

Atención al cliente - No me molesta

Conducir coches y/o camiones - Me gusta

Trabajar en la oficina - Me gusta

Trabajar al aire libre - Me gusta

Memorizar - No me molesta

Viajar - Me gusta

Evaluar, verificar - Lo odio

Trabajos sucios - No me molesta

Trabajos monótonos - Lo odio

Trabajos duros - No me molesta

Liderazgo - No me molesta

Trabajar en equipo - No me molesta

Soñar despierto durante el trabajo - Me gusta

Entrenamiento - No me molesta

Trabajos creativos - Me gusta

Trabajar con textos - Me gusta

Cuestionario

Nombre: Robert Genscher

Vigilar máquinas - No me molesta

Hablar con gente - Me gusta

Atención al cliente - No me molesta

Conducir coches y/o camiones - No me molesta

Trabajar en la oficina - Me gusta

euch passt. Füllt jetzt bitte den Fragebogen aus", sagt Frau Correcto und gibt ihnen die Fragebögen. David und Robert füllen die Fragebögen aus.

Fragebogen

Name: David Tweeter

Maschinen beobachten - Habe ich nichts dagegen

Mit Menschen sprechen - Mag ich

Kunden bedienen - Habe ich nichts dagegen

Autos, Lastwagen fahren - Mag ich

Im Büro arbeiten - Mag ich

Draußen arbeiten - Mag ich

Mir viel merken - Habe ich nichts dagegen

Reisen - Mag ich

Bewerten, kontrollieren - Hasse ich

Dreckige Arbeit - Habe ich nichts dagegen

Monotone Arbeit - Hasse ich

Schwere Arbeit - Habe ich nichts dagegen

Führer sein - Habe ich nichts dagegen

In der Gruppe arbeiten - Habe ich nichts dagegen

Während der Arbeit träumen - Mag ich

Trainieren - Habe ich nichts dagegen

Kreative Arbeit - Mag ich

Mit Texten arbeiten - Mag ich

Fragebogen

Name: Robert Genscher

Maschinen beobachten - Habe ich nichts dagegen

Mit Menschen sprechen - Mag ich

Kunden bedienen - Habe ich nichts dagegen

Autos, Lastwagen fahren - Habe ich nichts dagegen

Trabajar al aire libre - Me gusta

Memorizar - No me molesta

Viajar - Me gusta

Evaluar, verificar - No me molesta

Trabajos sucios - No me molesta

Trabajos monótonos - Lo odio

Trabajos duros - No me molesta

Liderazgo - Lo odio

Trabajar en equipo - Me gusta

Soñar despierto durante el trabajo - Me gusta

Entrenamiento - No me molesta

Trabajos creativos - Me gusta

Trabajar con textos - Me gusta

Im Büro arbeiten - Mag ich

Draußen arbeiten - Mag ich

Mir viel merken - Habe ich nichts dagegen

Reisen - Mag ich

Bewerten, kontrollieren - Habe ich nichts dagegen

Dreckige Arbeit - Habe ich nichts dagegen

Monotone Arbeit - Hasse ich

Schwere Arbeit - Habe ich nichts dagegen

Führer sein - Hasse ich

In der Gruppe arbeiten - Mag ich

Während der Arbeit träumen - Mag ich

Trainieren - Habe ich nichts dagegen

Kreative Arbeit - Mag ich

Mit Texten arbeiten - Mag ich.

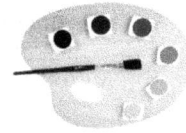

26

Solicitar empleo en Noticias Barcelona

Bewerbung bei „Barcelona Nachrichten"

 A

Palabras

1. acompañar - begleiten
2. apellido - Nachname
3. apellidos - Nachnamen (in spanischsprachigen Ländern gibt es normalerweise zwei Nachnamen)
4. carrera - Studium
5. campo - Feld
6. casado - verheiratet
7. columna - Rubrik
8. conocimiento - Kenntnisse
9. consistir - bestehen
10. crimen - Verbrechen
11. curriculum - Lebenslauf
12. curso - Studienjahr
13. datos - Daten, Angaben
14. editor - Herausgeber
15. estado civil - Familienstand
16. evaluar - auswerten
17. expectativa - Erwartung (expectativa salarial - Gehaltsvorstellung)

18. fluido - fließend
19. formación - Ausbildung
20. hombre - Mann
21. idioma, lengua - Sprache
22. informe - Bericht (informe policial - Polizeibericht)
23. marcar - kennzeichnen
24. media jornada - halbtags
25. mujer - Frau
26. nacionalidad - Nationalität
27. patrulla - Streife
28. formulario - Formular
29. opcional - optional, freiwillig
30. policía - Polizeit

31. por supuesto - selbstverständlich
32. presentar - zeigen
33. puntual - pünktlich
34. recoger - abholen
35. salario - Gehalt
36. sexo - Geschlecht
37. solicitar - bewerben
38. solicitud de trabajo - Bewerbung
39. soltero - ledig
40. subrayar - unterstreichen
41. tiempo completo - Vollzeit
42. tiempo parcial - Teilzeit
43. veintiuno - einundzwanzig

B

Solicitar empleo en Noticias Barcelona

La Señora Correcto evaluó las respuestas en los cuestionarios de Robert y David. Conociendo sus talentos personales, les podía recomendar profesiones adecuadas. Decía que la tercera categoría profesional era la más adecuada para ellos. Podrían trabajar como médico, maestro o periodista. La Señora Correcto les recomendaba presentar su solicitud de trabajo al periódico Noticias Barcelona. Allí ofrecían un trabajo a tiempo parcial para estudiantes que consistía en redactar informes policiales para la columna «Crímenes». Así Robert y David fueron al departamento de recursos humanos del periódico Noticias Barcelona y solicitaron trabajo.

-Venimos de la agencia de empleo Empleados Adecuados -dijo David a la

Bewerbung bei den „Barcelona Nachrichten"

Frau Correcto wertete Davids und Roberts Antworten im Fragebogen aus. Indem sie ihre persönlichen Begabungen kennenlernte, konnte sie ihnen Empfehlungen für passende Berufe geben. Sie sagte, dass die dritte Berufskategorie am besten zu ihnen passe. Sie könnten als Arzt, Lehrer oder Journalist arbeiten. Frau Correcto empfahl ihnen, sich um einen Job bei der Zeitung „Barcelona Nachrichten" zu bewerben. Diese hatte einen Nebenjob für Studenten zu vergeben, die Polizeiberichte in der Rubrik über Verbrechen verfassen könnten. Also gingen Robert und David in die Personalabteilung der Zeitung „Barcelona Nachrichten" und bewarben sich um den Job.

„Wir waren heute bei der Arbeitsvermittlung Passende Mitarbeiter", sagte David zu Frau Slim,

Señora Slim, la jefa del departamento de recursos humanos-. Nos recomendaron presentar el curriculum aquí.

-¿Alguna vez habéis trabajado como periodistas? -les preguntó la Señora Slim.

-No -le contestó David.

-Por favor, rellenad este formulario con vuestros datos personales -les dijo la Señora Slim y les dio dos formularios. Robert y David los rellenaron.

Datos personales

Los campos marcados con * son obligatorios. Los demás campos son opcionales.

Nombre* - David

Apellidos* - Tweeter

Sexo* (subraye) - <u>Hombre</u> Mujer

Edad* - veinte años

Nacionalidad* - español

Estado Civil (subraye) - <u>soltero</u> casado

Dirección* - Calle de la Reina 11, Barcelona, España

Formación - En el tercer curso de la carrera de periodismo en la universidad

¿Dónde ha trabajado antes? - Trabajé en una granja durante dos meses.

¿Qué experiencia y qué habilidades tiene? - Carné de conducir para coches y camiones, conocimientos informáticos.

Idiomas* (0 - no, 10 - fluido) - Español (10), Inglés (8)

Permiso de conducir* (subraye) No <u>Si</u> Clases: B y C Puedo conducir camiones.

Jornada de trabajo* (subraye) A tiempo completo <u>Media jornada</u>: 15 horas semanales

Expectativas salariales 15 euros por hora

der Leiterin der Personalabteilung. „Sie haben uns empfohlen, uns bei Ihrer Zeitung zu bewerben."

„Habt ihr schon als Reporter gearbeitet?", fragte Frau Slim.

„Nein", antwortete David.

„Füllt bitte diese Formulare mit euren persönlichen Angaben aus", sagte Frau Slim und gab ihnen zwei Formulare. Robert und David füllten sie aus.

Persönliche Angaben

Alle mit einem Sternchen * markierten Felder müssen ausgefüllt werden. Die anderen Felder können leer gelassen werden.

Vorname - David

Zweiter Name

Nachname - Tweeter

Geschlecht (unterstreiche) - <u>männlich</u> weiblich

Alter - Zwanzig

Nationalität - Spanier

Familienstand (unterstreiche) - <u>ledig</u> verheiratet

Addresse - Calle de la Reina 11, Barcelona, Spanien

Ausbildung - Ich studiere Journalismus im dritten Jahr an der Universität

Wo haben Sie zuvor gearbeitet? - Ich habe zwei Monate auf einem Bauernhof gearbeitet

Welche Erfahrung und Fähigkeiten haben Sie? - Ich kann Auto und Lastwagen fahren und mit dem Computer arbeiten.

Sprachen (0 - nein, 10 - fließend) - Spanisch - 10, Englisch - 8

Führerschein (unterstreiche) - Nein <u>Ja</u> Typ: BC Kann Lastwagen fahren.

Sie brauchen einen Job (unterstreiche) - Vollzeit <u>Teilzeit</u>: 15 Stunden die Woche

Sie wollen verdienen - 15 Euro die Stunde

Datos personales

Los campos marcados con * son obligatorios. Los demás campos son opcionales.

Nombre* - Robert

Apellidos* - Genscher

Sexo* (subraye) - <u>Hombre</u> Mujer

Edad* - veintiún años

Nacionalidad* - alemán

Estado Civil (subraye) - <u>soltero</u> casado

Dirección* - habitación 218, residencia de estudiantes, Calle de la Universidad 36, Barcelona, España

Formación - En el segundo curso de la carrera de diseño informático en la universidad

¿Dónde ha trabajado antes? - Trabajé en una granja durante dos meses.

¿Qué experiencia y qué habilidades tiene? - Conocimientos informáticos.

Idiomas* (0 - no, 10 - fluido) - Alemán (10), Español (8)

Permiso de conducir* (subraye) <u>No</u> Si

Jornada de trabajo* (subraye) A tiempo completo <u>Media jornada</u>: 15 horas semanales

Expectativas salariales 15 euros por hora

La Señora Slim llevó los formularios con sus datos personales al editor de Barcelona Noticias.

-El editor está de acuerdo -dijo la Señora Slim al volver-. Acompañaréis una patrulla de policía y escribiréis artículos para la columna de crímenes. Mañana a las cinco os recogerá un coche de policía. Sed puntuales, ¿vale?

-Por supuesto -contestó Robert.

Persönliche Angaben

Alle mit einem Sternchen * markierten Felder müssen ausgefüllt werden. Die anderen Felder können leer gelassen werden.

Vorname - Robert

Zweiter Name

Nachname - Genscher

Geschlecht (unterstreiche) - <u>männlich</u> weiblich

Alter - einundzwanzig

Nationalität - Deutscher

Familienstand (unterstreiche) - <u>ledig</u> verheiratet

Addresse - Zimmer 218, Studentenwohnheim Calle de la Universidad 36, Barcelona, Spanien

Ausbildung - Ich studiere Computerdesign im zweiten Jahr an der Universität

Wo haben Sie zuvor gearbeitet? - Ich habe zwei Monate auf einem Bauernhof gearbeitet

Welche Erfahrung und Fähigkeiten haben Sie? - Ich kann mit dem Computer umgehen

Sprachen (0 - nein, 10 - fließend) - Deutsch - 10, Spanisch - 8

Führerschein (unterstreiche) - <u>Nein</u> Ja Typ:

Sie brauchen einen Job (unterstreiche) - Vollzeit <u>Teilzeit</u>: 15 Stunden die Woche

Sie wollen verdienen - 15 Euro die Stunde

Frau Slim brachte die Formulare mit ihren persönlichen Angaben zum Herausgeber der „Barcelona Nachrichten".

„Der Herausgeber ist einverstanden", sagte Frau Slim, als sie zurückkam. „Ihr begleitet eine Polizeistreife und schreibt dann Berichte für die Kriminalrubrik. Morgen um siebzehn Uhr werdet ihr von einem Polizeiauto abgeholt. Seid pünktlich da, ok?"

„Klar", antwortete Robert.

„Ja, wir werden pünktlich sein", sagte David. „Auf Wiedersehen."

-Seremos puntuales -dijo David-. Adiós.   „Auf Wiedersehen", antwortete Frau Slim.
-Adiós -respondió la Señora Slim.

27

La patrulla de policía (primera parte)
Die Polizeistreife (Teil 1)

 A

Palabras

1. alarma - Alarm
2. arma - Waffe
3. arrancar - starten
4. atención - Achtung
5. carné, permiso de conducir - Führerschein
6. cerrado - geschlossen
7. cinturón (de seguridad) - (Sicherheits-)Gurt
8. contar - erzählen
9. cuartel (de policía) - Polizeiwache
10. dar la mano - die Hand geben
11. en cuestión - fraglich, betreffend
12. esposas - Handschellen

13. exceso - Übermaß, Überschuss (exceso de velocidad - Geschwindigkeitsübertretung)
14. fingir - vortäuschen
15. ladrar - bellen (ladró - bellte)
16. ladrón, ladrones - Dieb, Diebe
17. limite - Limit, Grenze
18. limite de velocidad - Geschwindigkeitsbegrenzung
19. llave - Schlüssel
20. maldita sea - verdammt
21. meter - (hinein)stecken, (hinein)legen
22. micrófono - Mikrofon
23. miedoso - ängstlich
24. mirar alrededor - sich umsehen
25. multa - Strafe
26. patrullar - Streife fahren
27. persecución - Verfolgung
28. pisar a fondo - durchtreten
29. policía - Polizist
30. precio - Preis
31. radio - Funk
32. robo - Raub, Diebstahl
33. sargento - Polizeihauptmeister
34. secar - trocknen
35. sirena - Sirene, Blaulicht
36. temerario - waghalsig, tollkühn (conductor temerario - Raser)
37. travieso - frech, schlau
38. velocidad - Geschwindigkeit
39. vestido - Kleid
40. zorro - Fuchs

La patrulla de policía (primera parte)

Al día siguiente Robert y David llegaron al edificio del periódico Barcelona Noticias a las cinco en punto. El coche de policía ya estaba allí y un policía salió del coche.

-Hola, soy el sargento Francisco Seijas - dijo cuando David y Robert se acercaron al coche.

-Hola, encantado de conocerle. Soy Robert, hoy vamos a acompañarle -contestó Robert.

-Hola, soy David. ¿Ha tenido que esperar mucho? -preguntó David.

-No, acabo de llegar. Subamos al coche. Comenzaremos a patrullar la ciudad -dijo el policía. Todos subieron al coche.

Die Polizeistreife (Teil 1)

Am nächsten Tag kamen Robert und David um siebzehn Uhr zum Gebäude der Zeitung „Barcelona Nachrichten". Das Polizeiauto wartete schon auf sie. Ein Polizist stieg aus dem Auto.

„Hallo. Ich bin Polizeihauptmeister Francisco Seijas", sagte er, als David und Robert zum Auto kamen.

"Hallo, schön, Sie kennenzulernen. Ich heiße Robert. Wir sollen Sie heute begleiten", antwortete Robert.

„Hallo, ich bin David. Haben Sie schon lange auf uns gewartet?", fragte David.

„Nein, ich bin gerade erst gekommen. Lasst uns einsteigen. Wir fangen jetzt mit der Streife in der

-¿Es la primera vez que acompañáis a una patrulla? -preguntó el sargento Seijas y arrancó el motor.

-Nunca hemos acompañado a una patrulla -respondió David.

En este instante sonó la radio: -¡Atención P11 y P07! Un coche azul está pasando el límite de velocidad en al Calle de la Universidad.

-Aquí P07 -contestó el sargento Seijas por micrófono. Después les dijo a los chicos: -Nuestro coche tiene el número P07.

Un gran coche azul pasó por su lado a toda velocidad. Francisco Seijas cogió el micrófono y dijo: -Aquí P07. Veo al coche en cuestión. Emprendo la persecución.

Y después dijo a los chicos: -Poneos el cinturón, por favor.

El coche de policía salió rápidamente. El sargento pisó el gas a fondo y encendió la sirena. Con la sirena puesta pasaron por edificios, coches y autobuses. Francisco Seijas hizo parar al coche azul. El sargento bajó del coche policía y se acercó al conductor temerario. David y Robert le siguieron.

-Soy el sargento Francisco Seijas. El carné, por favor -dijo el policía al conductor.

-Aquí lo tiene -el conductor mostró su carné- ¿qué pasa? -preguntó enfadado.

-Estaba conduciendo a ciento veinte kilómetros por hora, en la ciudad. La velocidad máxima es cincuenta -dijo el sargento.

-Bueno. Sabe, acabo de lavar mi coche. He ido un poco más rápido para que se secara -dijo el hombre con una sonrisa traviesa.

-¿Es caro lavar su coche? -preguntó el policía.

-No. Cuesta doce euros -dijo el conductor.

Stadt an", sagte der Polizist. Sie stiegen alles ins Polizeiauto.

„Begleitet ihr zum ersten Mal eine Polizeistreife?", fragte Polizeihauptmeister Seijas und machte den Motor an.

„Wir haben noch nie eine Polizeistreife begleitet", antwortete David.

In diesem Moment meldete sich der Polizeifunk: „Achtung P11 und P07! Ein blaues Auto fährt zu schnell auf der Calle de la Universidad."

„P07 ist dran", sagte Polizeihauptmeister Seijas ins Mikrofon. Dann sagte er zu den Jungs: „Die Nummer unseres Autos ist P07." Ein großes blaues Auto raste mit hoher Geschwindigkeit an ihnen vorbei. Francisco Seijas nahm das Mikrofon und sagte: „Hier spricht P07. Ich sehe das rasende Auto. Nehme die Verfolgung auf." Dann sagte er zu den Jungs: „Bitte anschnallen!" Das Polizeiauto fuhr schnell los. Der Polizeihauptmeister trat das Gaspedal voll durch und machte die Sirene an. Mit heulender Sirene rasten sie an Gebäuden, Autos und Bussen vorbei. Francisco Seijas brachte das blaue Auto zum Anhalten. Der Polizeihauptmeister stieg aus dem Auto aus und ging zu dem Raser. David und Robert gingen ihm nach.

„Ich bin Polizeibeamter Francisco Seijas. Zeigen Sie mir bitte Ihren Führerschein", sagte der Polizist zu dem Raser.
„Hier ist mein Führerschein." Der Fahrer zeigte seinen Führerschein. „Was ist los?", fragte er wütend.
„Sie sind mit hundertzwanzig km/h durch die Stadt gefahren. Die Geschwindigkeitsbegrenzung ist fünfzig", sagte der Polizeihauptmeister.
„Ach so, das. Wissen Sie, ich habe gerade mein Auto gewaschen. Ich bin ein bisschen schneller gefahren, damit es trocknet", sagte der Mann mit einem schlauen Grinsen.
„Ist es teuer, Ihr Auto zu waschen?", fragte der Polizist.
„Nein. Es kostet zwölf Euro", sagte der Raser.

-No se sabe los precios -dijo el sargento Seijas- en realidad le cuesta doscientos doce euros, porque pagará doscientos euros para secarlo. Aquí tiene la multa. Que tenga un buen día -dijo el policía. Le dio el carné y la multa de doscientos euros por pasar el límite de velocidad y volvió al coche de policía.

-Francisco, tienes mucha experiencia con conductores temerarios ¿verdad? -preguntó David al policía.

-He conocido a muchos -dijo Francisco y arrancó el motor- primero parecen tigres enfadados o zorros listos, pero después de hablar con ellos se parecen más a gatitos miedosos o monos tontos. Como este del coche azul.

De mientras un pequeño coche blanco conducía lentamente por una calle cerca del parque de la ciudad. El coche paró cerca de una tienda. Bajaron un hombre y una mujer y se acercaron a la tienda. Estaba cerrada. El hombre miró a su alrededor. Después sacó rápidamente unas llaves e intentó abrir la puerta. Finalmente la consiguió abrir y entraron.

-Mira, cuántos vestidos -dijo la mujer. Sacó un bolso grande y empezó a meterlo todo dentro. Cuando ya no cabía más en el bolso, lo llevó al coche y después volvía a la tienda.

-¡Cógelo todo! Vaya, que sombrero más bonito -dijo el hombre. Sacó un gran sombrero negro del escaparate y se lo puso.

-¡Mira este vestido rojo! ¡Me encanta! -dijo la mujer y se puso el vestido rápidamente. No le quedaban más bolsos. Así que cogía todo lo que podía con las manos, iba corriendo fuera y lo metía en el coche. Después volvía corriendo para ir a buscar más cosas.

El coche de policía P07 iba lentamente por

„Sie kennen die Preise nicht", sagte Polizeihauptmeister Seijas. „In Wirklichkeit kostet es Sie zweihundertzwölf Euro, denn Sie werden zweihundert Euro fürs Trocknen zahlen. Hier ist der Strafzettel. Einen schönen Tag noch", sagte der Polizist. Er gab dem Raser einen Strafzettel für Geschwindigkeitsüberschreitung über zweihundert Euro und seinen Führerschein und ging zurück zum Polizeiauto.

„Francisco, du hast viel Erfahrung mit Rasern, nicht wahr?", fragte David den Polizisten.

„Ich habe schon viele kennengelernt", sagte Francisco und machte den Motor an. „Zuerst sehen sie wie wütende Tiger oder schlaue Füchse aus. Aber nachdem ich mit ihnen gesprochen habe, sehen sie wie ängstliche Kätzchen oder dumme Affen aus. Wie der im blauen Auto."

In der Zwischenzeit fuhr ein kleines, weißes Auto nicht weit vom Stadtpark langsam die Straße entlang. Das Auto hielt in der Nähe eines Ladens. Ein Mann und eine Frau stiegen aus und gingen zu dem Laden. Er war geschlossen. Der Mann sah sich um. Dann holte er schnell einige Schlüssel hervor und versuchte, die Tür zu öffnen. Schließlich öffnete er sie, und sie gingen hinein.

„Sieh', so viele Kleider", sagte die Frau. Sie holte eine große Tasche hervor und begann, alles hineinzupacken. Als die Tasche voll war, brachte sie sie zum Auto und kam zurück.

„Nimm' schnell alles! Oh! Was für ein schöner Hut!", sagte der Mann. Er nahm einen großen schwarzen Hut aus dem Schaufenster und setzte ihn auf.

„Sieh' dir dieses rote Kleid an! Das finde ich toll!", sagte die Frau und zog schnell das rote Kleid an. Sie hatte keine Taschen mehr. Deswegen nahm sie mehr Sachen in die Hände, rannte nach draußen und packte sie ins Auto. Dann rannte sie nach drinnen, um noch mehr Dinge zu holen.

Das Polizeiauto P07 fuhr gerade langsam den

el parque de la ciudad, cuando la radio sonó: -Atención, todas las unidades. Hay una alarma de robo en una tienda cerca del parque de la ciudad. La dirección es Calle del Parque 72.

-Aquí P07 -dijo Francisco por micrófono- estoy muy cerca. Voy allí.

Encontraron la tienda rápidamente y se acercaron al coche blanco. Después salieron del coche y se escondieron detrás. La mujer con el vestido rojo salió corriendo de la tienda. Dejó algunos vestidos encima del coche de policía y volvía a entrar en la tienda. Lo hizo todo muy rápido, ni se dio cuenta que era un coche de policía.

-¡Maldita sea! He olvidado mi arma en el cuartel de policía -dijo Francisco. Robert y David miraron al sargento Seijas y después se miraron el uno al otro con sorpresa. El policía estaba muy confundido. David y Robert entendieron que necesitaba ayuda. La mujer volvía a salir corriendo de la tienda, dejó más ropa en el coche de policía y volvió a desaparecer. Después David le dijo a Francisco: -Podríamos fingir que tenemos armas.

-Bien, lo intentamos -contestó Francisco- pero no os levantéis. Quizá los ladrones tengan armas- dijo y después gritó: -¡Policía! ¡Pongan sus manos en alto y salgan lentamente de la tienda!

Esperaron un minuto, pero nadie salía. Entonces Robert tenía una idea.

-¡Si no salís, soltaremos nuestro perro policía! -gritó y ladró como un perro grande y enfadado. Los ladrones salieron inmediatamente con las manos en alto. Francisco les puso las esposas y los hizo sentarse en el coche de policía. Después le dijo a Robert: -Ha sido una idea genial fingir que teníamos un perro. Sabes, ya había olvidado mi arma dos veces. Si se

Stadtpark entlang, als sich der Funk meldete: „Achtung, alle Einheiten. Wir haben einen Einbruchsalarm aus einem Laden in der Nähe des Stadtparks. Die Adresse des Ladens ist Calle del Parque 72."

„P07 ist dran", sagte Francisco ins Mikro. „Ich bin ganz in der Nähe. Fahre dorthin." Sie hatten den Laden schnell gefunden und fuhren zu dem weißen Auto. Dann stiegen sie aus dem Auto aus und versteckten sich dahinter. Die Frau im roten Kleid kam aus dem Laden gerannt. Sie legte einige Kleider auf das Polizeiauto und rannte zurück in den Laden. Die Frau tat das sehr schnell. Sie sah nicht, dass es ein Polizeiauto war.

„Verdammt! Ich habe meine Waffe auf der Polizeiwache vergessen!", sagte Francisco. Robert und David sahen Polizeihauptmeister Seijas und dann einander überrascht an. Der Polizist war so verwirrt, dass David und Robert verstanden, dass er Hilfe brauchte. Die Frau rannte wieder aus dem Laden, legte Kleider auf das Polizeiauto und rannte zurück. Dann sagte David zu Francisco: „Wir können so tun, als ob wir Waffen haben."

„Lasst uns das machen", antwortete Francisco. „Aber ihr steht nicht auf. Die Diebe haben vielleicht Waffen", sagte er und rief dann: „Hier spricht die Polizei! Alle, die im Laden sind, heben ihre Hände und kommen langsam einer nach dem anderen heraus!"

Sie warteten eine Minute. Niemand kam. Dann hatte Robert eine Idee.

"Wenn ihr nicht rauskommt, hetzen wir den Polizeihund auf euch!", rief er und bellte wie ein großer, wütender Hund. Die Diebe kamen sofort mit erhobenen Händen herausgerannt. Francisco legte ihnen schnell Handschellen an und brachte sie ins Polizeiauto. Dann sagte er zu Robert: „Das war eine gute Idee, so zu tun, als ob wir einen Hund hätten. Weißt du, ich habe meine Waffe schon zweimal vergessen. Wenn sie herausfinden, dass ich sie zum dritten Mal

enteran que la he olvidado una tercera vez, igual me despiden o me hacen hacer trabajo de oficina. ¿No lo vais a contar a nadie, ¿no?

-Claro que no -dijo Robert.

-Nunca -dijo David.

-Gracias por vuestra ayuda, chicos - Francisco les dio la mano.

vergessen habe, feuern sie mich vielleicht oder lassen mich Büroarbeit machen. Ihr erzählt es doch niemandem, oder?"

„Natürlich nicht!", sagte Robert.

„Nie", sagte David.

„Vielen Dank für eure Hilfe, Jungs!" Francisco schüttelte ihnen kräftig die Hand.

28

La patrulla de policía (segunda parte)
Die Polizeistreife (Teil 2)

 A

Palabras

1. activar - aktivieren, auslösen
2. alarma silenciosa - stiller Alarm
3. atentamente - hochachtungsvoll
4. atraco - Überfall
5. bolsillo - Tasche; Jacken-, Hosentasche
6. caja - Kasse
7. caja fuerte - Tresor
8. cajero, cajera - Kassierer, Kassiererin
9. centro comercial - Einkaufszentrum
10. delincuente - Verbrecher
11. disparar - schießen
12. entregar - abgeben, überreichen

13. extraño, extraña - seltsam
14. leer (leyó) - lesen (er hat gelesen)
15. listo - schlau
16. mayoría - Mehrheit
17. mío - mein
18. móvil - Handy
19. perder el conocimiento - bewusstlos werden
20. proteger - beschützen
21. rebotar - abprallen

22. reportaje - Bericht
23. robado - gestohlen
24. romper - zerschlagen, zerbrechen
25. simplemente - einfach
26. tonto - dumm
27. truco - Trick
28. unidad - Einheit
29. usar - benutzen
30. vidrio - Glas

B

La patrulla de policía (segunda parte)

Al día siguiente Robert y David volvían a acompañar a Francisco. Estaban al lado de un gran centro comercial cuando se les acercaba una mujer.

-¿Me puede ayudar, por favor? -preguntó.

-Por supuesto. ¿Qué ha pasado? -preguntó Francisco.

-Mi teléfono móvil ha desaparecido. Creo que me lo han robado.

-¿Hoy ya lo ha usado? -preguntó el policía.

-Lo he usado antes de salir del centro comercial -contestó la mujer.

-Vamos a entrar -dijo Francisco. Entraron en el centro comercial y miraron un poco. Había mucha gente.

-Vamos a usar un viejo truco -dijo Francisco y sacó su propio móvil. ¿Me dice su número de teléfono? -le preguntó a la mujer. Se lo dio y Francisco llamó al número. No muy lejos de ellos sonó un móvil. Se acercaron al sonido. Había una cola. Un hombre en la

Die Polizeistreife (Teil 2)

Am nächsten Tag begleiteten Robert und David Francisco wieder. Sie standen neben einem großen Einkaufszentrum, als eine Frau zu ihnen kam.

„Können Sie mir bitte helfen?", fragte sie.

„Natürlich. Was ist passiert?", fragte Francisco.

"Mein Handy ist weg. Ich glaube, es wurde gestohlen."

"Haben Sie es heute schon benutzt?", fragte der Polizist.

„Ich habe es benutzt, bevor ich das Einkaufszentrum verlassen habe", antwortete die Frau.

„Lasst uns reingehen", sagte Francisco. Sie gingen ins Einkaufszentrum und sahen sich um. Viele Leute waren da.

„Lasst uns einen alten Trick versuchen", sagte Francisco und holte sein eigenes Handy hervor. „Wie ist Ihre Nummer?", fragte er die Frau. Sie sagte sie ihm, und er wählte. Nicht weit von ihnen klingelte ein Handy. Sie gingen

cola vio al policía y giró la cabeza rápidamente. El policía se acercó más y escuchó atentamente. El móvil estaba sonando en el bolso del hombre.

-Perdone -dijo Francisco. El hombre le miraba.

-Perdone, su móvil está sonando -dijo Francisco.

-¿Dónde? -preguntó el hombre.

-Aquí, en su bolso -dijo Francisco.

-No, no está sonando -dijo el hombre.

-Sí, está sonando -dijo Francisco.

-No es mío -dijo el hombre.

-¿Entonces de quién es el móvil que está sonando en su bolso? -preguntó Francisco.

-No lo sé -respondió el hombre.

-¿Me lo puede enseñar, por favor? -dijo Francisco y sacó el móvil del bolso del hombre.

-¡Vaya, es mío! -gritó la mujer.

-Aquí tiene -dijo Francisco y le dio su teléfono.

-¿Me permite? -preguntó Francisco y volvió a meter su mano en el bolso del hombre. Sacó otro móvil y otro más.

-¿Tampoco son de usted? -preguntó Francisco al hombre.

El hombre lo negó con la cabeza y miró al otro lado.

-¡Qué móviles más extraños! -gritó Francisco-. Se han escapado de sus propietarios y han saltado al bolso de este hombre. Y ahora están sonando en su bolso, ¿no?

-Sí -afirmó el hombre.

-Ya sabe que es mi trabajo proteger a la gente. Y los voy a proteger de usted. Suba a mi coche y le voy a llevar a un lugar donde

zu der Stelle, an der es klingelte. Dort war eine Schlange. Ein Mann in der Schlange sah den Polizisten an und schaute dann schnell weg. Der Polizist ging näher hin und horchte aufmerksam. Das Handy klingelte in der Tasche des Mannes.

„Entschuldigen Sie", sagte Francisco. Der Mann sah ihn an.

„Entschuldigen Sie, Ihr Handy klingelt", sagte Francisco.

„Wo?", sagte der Mann.

„Hier, in ihrer Tasche", sagte Francisco.

„Nein, es klingelt nicht", sagte der Mann.

„Doch, es klingelt", sagte Francisco.

„Das ist nicht meins", sagte der Mann.

„Wessen Telefon klingelt dann in Ihrer Tasche?", fragte Francisco.

„Ich weiß es nicht", antwortete der Mann.

„Zeigen Sie es mir bitte", sagte Francisco und holte das Handy aus der Tasche des Mannes.

„Oh, das ist meins!", rief die Frau.

„Hier, nehmen Sie Ihr Telefon", sagte Francisco und gab es ihr.

„Darf ich?", fragte Francisco und steckte seine Hand wieder in die Tasche des Mannes. Er holte ein anderes Handy hervor und dann noch eines.

„Gehören die auch nicht Ihnen?", fragte Francisco den Mann.

Der Mann schüttelte den Kopf und sah weg.

„Was für seltsame Handys!", rief Francisco. „Sie sind ihren Besitzern davongelaufen und in die Tasche dieses Mannes gesprungen! Und jetzt klingeln sie in seiner Tasche, oder nicht?"

„Ja, das tun sie", sagte der Mann.

„Wie Sie wissen, ist es mein Job, Menschen zu beschützen. Und ich werde Sie vor ihnen beschützen. Steigen Sie in mein Auto, und ich

ningún móvil pueda saltar a su bolso. Vamos al cuartel -dijo el policía. Después agarró el hombre por el brazo y lo llevó al coche.

-Me gustan los ladrones tontos -dijo Francisco Seijas con una sonrisa, después de haber dejado al hombre en el cuartel.

-¿Alguna vez has encontrado a uno listo? -preguntó David.

-Sí, algunos. Pero no pasa muy a menudo -contestó el policía-, es muy difícil coger a un ladrón listo.

Mientras tanto dos hombres entraron en el Banco Exprés. Uno hizo cola y el otro fue a la caja y le entregó un papel al cajero. El cajero cogió el papel y lo leyó:

-Estimado Señor:

esto es un atraco al Banco Exprés. Entregue todo el dinero. Sino tendré que usar mi arma. Gracias.

Atentamente,

Bob

-Creo que le puedo ayudar -dijo el cajero mientras que, disimuladamente, activaba el alarma silenciosa-. Pero ayer guardé todo el dinero en la caja fuerte. Aun no la hemos abierto. Pediré que alguien la abra y que lleve el dinero ¿de acuerdo?

-Vale. ¡Pero rápido! -contestó el atracador.

-¿Le preparo un café mientras espera a los bolsos? -preguntó el cajero.

-No, gracias. Sólo quiero el dinero -respondió el atracador.

La radio en el coche de policía sonó: -Atención. Todas las unidades. Alarma de robo en el Banco Exprés.

-Aquí P07. Recibido -respondió el sargento Seijas. Piso el gas y el coche arrancó rápidamente. Eran los primeros en llegar al

bringe Sie an einen Ort, wo kein Telefon in Ihre Tasche springen kann. Wir fahren aufs Revier", sagte der Polizist. Dann nahm er den Mann am Arm und brachte ihn zum Auto.

„Ich mag dumme Verbrecher", sagte Francisco Seijas grinsend, nachdem sie den Dieb aufs Revier gebracht hatten.

„Hast du schon schlaue getroffen?", fragte David.

„Ja, das habe ich. Aber es passiert selten"; antwortete der Polizist. „Denn es ist sehr schwer, einen schlauen Verbrecher zu fangen."

In der Zwischenzeit betraten zwei Männer die Express Bank. Einer von ihnen stellte sich in der Schlange an. Ein anderer ging zur Kasse und gab dem Kassierer einen Zettel. Der Kassierer nahm den Zettel und las.

„Sehr geehrter Herr,
das ist ein Überfall auf die Express Bank. Geben Sie mir das ganze Geld. Wenn Sie es nicht tun, werde ich meine Waffe benutzen. Danke.
Hochachtungsvoll,
Bob"

„Ich denke, ich kann Ihnen helfen", sagte der Kassierer, während er heimlich den Alarmknopf drückte. „Aber das Geld wurde gestern von mir im Tresor eingeschlossen. Der Tresor wurde noch nicht geöffnet. Ich werde jemanden bitten, den Tresor zu öffnen und das Geld zu bringen. Okay?"

„Okay. Aber schnell!", antwortete der Dieb.

„Hätten Sie gerne eine Tasse Kaffee, während das Geld in Taschen gepackt wird?", fragte der Kassierer.

„Nein, danke. Nur Geld", antwortete der Dieb.

Der Funk im Polizeiauto P07 meldete sich: „Achtung, alle Einheiten. Überfallalarm in der Express Bank."

„P07 ist dran", antwortete Polizeihauptmeister Seijas. Er trat aufs Gas, und das Auto fuhr schnell los. Als sie an der Bank ankamen, war

banco.

-Será un reportaje interesante si entramos -dijo David.

-Chicos, haced lo que es mejor para vosotros. Voy a entrar por la puerta trasera. -dijo el sargento Seijas. Sacó su arma y se fue rápidamente hacia la puerta trasera del banco. David y Robert entraron al banco por la puerta principal. Vieron a un hombre cerca de la caja. Tenía una mano en su bolso y estaba mirando alrededor. El hombre que había entrado con él, salió de la cola y se puso a su lado.

-¿Dónde está el dinero? -preguntó a Bob.

-Roger, el cajero me ha dicho que lo ponían en bolsos -respondió el otro atracador.

-Estoy harto de esperar -dijo Roger. Sacó su arma y la apuntó al cajero.

-¡Quiero todo el dinero ahora mismo! -gritó. Después se movió al centro de la sala y gritó: -¡Atención, todos! ¡Esto es un atraco! ¡Que nadie se mueva!

En este instante alguien cerca de la caja se movió. El atracador con el arma disparó sin mirar. Bob cayó al suelo y gritó: -¡Roger, imbécil! ¡Maldita sea! ¡Me has disparado!

-No, Bobby! No he visto que eras tú! -dijo Roger. En este instante el cajero salió corriendo.

-El cajero se ha escapado y nadie nos ha llevado el dinero aún -le gritó Roger a Bob-. La policía puede venir en cualquier momento. ¿Qué hacemos?

-¡Coge algo grande, rompe el vidrio y coge el dinero! ¡Rápido! -gritó Bob. Roger cogió una silla metálica y la golpeó contra el vidrio de la caja. Claro que no era un vidrio normal y que no se rompió. ¡La silla rebotó y le dio al atracador en la cabeza! Se cayó al suelo y perdió el conocimiento. En este instante entró el sargento Seijas y les puso las esposas a los dos atracadores. Se giró y les

noch kein anderes Polizeiauto da.

„Das wird ein interessanter Bericht, wenn wir reingehen", sagte David.

„Ihr Jungs macht, was ihr braucht. Ich gehe durch die Hintertür rein", sagte Polizeihauptmeister Seijas. Er holte seine Waffe raus und ging schnell zur Hintertür der Bank. David und Robert betraten die Bank durch die Eingangstür. Sie sahen einen Mann in der Nähe der Kasse stehen. Er hatte eine Hand in seiner Tasche und sah sich um. Der Mann, der mit ihm gekommen war, ging aus der Schlange zu ihm.

„Wo ist das Geld?", fragte er Bob.

„Roger, der Kassierer hat gesagt, dass es in Taschen gepackt wird", antwortete der andere Dieb.

„Ich habe es satt, zu warten", sagte Roger. Er holte seine Waffe hervor und richtete sie auf den Kassierer. „Bringen Sie jetzt das ganze Geld!", schrie er. Dann ging er in die Mitte des Raums und rief: „Alle herhören! Das ist ein Überfall! Niemand bewegt sich!" In diesem Moment bewegte sich jemand in der Nähe der Kasse. Der Dieb mit der Waffe schoss auf ihn, ohne hinzuschauen. Der andere Dieb fiel auf den Boden und rief: „Roger! Du Vollidiot! Verdammt! Du hast mich angeschossen!"

„Oh, Bobby! Ich habe nicht gesehen, dass du das bist!", sagte Roger. In diesem Moment rannte der Kassierer schnell nach draußen.

„Der Kassierer ist weggerannt, und das Geld ist noch nicht hierher gebracht worden!", rief Roger Bob zu. „Die Polizei kann jeden Moment kommen! Was sollen wir machen?"

„Nimm etwas Großes, zerschlag das Glas und nimm das Geld! Schnell!", rief Bob. Roger nahm einen metallenen Stuhl und schlug auf das Glas der Kasse. Natürlich war es kein gewöhnliches Glas und zerbrach nicht. Doch der Stuhl prallte zurück und traf den Dieb am Kopf! Er fiel bewusstlos zu Boden. In diesem Moment kam Polizeihauptmeister Seijas hereingerannt und

dijo a David y a Robert: -Lo que había dicho. La mayoría de los delincuentes es simplemente tonta.

legte den Dieben schnell Handschellen an. Er drehte sich zu David und Robert um.

„Hab ich es doch gesagt! Die meisten Verbrecher sind einfach nur dumm!", sagte er.

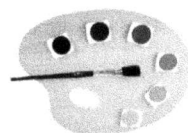

29

Escuela para Estudiantes Extranjeros (E.E.E) y au pairs

Schule für Austauschschüler (SAS) und Au-pair

 A

Palabras

1. apto, apta - geeignet
2. billete de avión - Flugticket
3. carta - Brief
4. contrato - Vertrag
5. correo electrónico - E-mail
6. derechos - Rechte
7. desde que - seit
8. elaborar - ausarbeiten
9. entender - verstehen
10. enviar - senden
11. esperanza - Hoffnung
12. estándar - Standard

13. Eurasia - Eurasien
14. extranjero, extranjera - ausländisch
15. familia de acogida - Gastfamilie
16. ida y vuelta - hin und zurück
17. ilusión - Traum
18. informar - informieren
19. injusto - unfair
20. inscripción - Einschreibung, Anmeldung
21. instituto - Highschool
22. más cercano, más cercana - nächster, nächste
23. mayor - ältere
24. modificar - verändern
25. ni ... ni - weder ... noch
26. país - Land
27. participar - teilnehmen
28. plazo - Frist
29. programa de intercambio - Austauschprogramm
30. pueblo - Dorf
31. seleccionar - auswählen
32. sirviente, sirvienta - Diener, Dienerin
33. una vez, dos veces - einmal, zweimal
34. página web - Webseite

Escuela para Estudiantes Extranjeros (EEE) y au pairs

La hermana, el hermano y los padres de Robert vivían en Alemania. Vivían en Hanóver. Su hermana se llamaba Gabi. Tenía veinte años. Había estudiado español desde que tenía once años. Cuando tenía quince, quiso participar en el programa de intercambio para estudiantes extranjeros. E.E.E. es un programa para estudiantes de institutos en algún país de Eurasia. Les da la posibilidad de pasar un año en España, de vivir en una familia de acogida y de estudiar en un instituto español. El programa es gratuito. E.E.E. paga el billete de avión, el alojamiento en una familia, la comida y los estudios en el instituto. No obstante, cuando Gabi se informó sobre la inscripción en la página web, el plazo ya había terminado.

Entonces se enteró del programa au pair. Este programa ofrece a los participantes vivir uno o dos años en otro país. Se vive en

Schule für Austauschschüler (SAS) und Au-pair

Roberts Schwester, Bruder und Eltern lebten in Deutschland. Sie wohnten in Hannover. Seine Schwester hieß Gabi. Sie war zwanzig Jahre alt. Sie lernte Spanisch, seit sie elf war. Als Gabi fünfzehn war, wollte sie an dem Programm SAS teilnehmen. SAS gibt Highschool-Schülern aus Eurasien die Möglichkeit, ein Jahr in Spanien zu verbringen, in einer Gastfamilie zu leben und eine spanische Schule zu besuchen. Das Programm ist kostenlos. Das Flugticket, die Unterkunft in der Familie, Essen und das Besuchen der spanische Schule werden von SAS gezahlt. Aber als sie sich auf der Website über die Ausschreibung informierte, war die Frist schon abgelaufen.

Dann erfuhr sie von dem Au-pair-Programm. Dieses Programm ermöglicht es den Teilnehmern, ein oder zwei Jahre in einem anderen Land zu verbringen, bei einer

una familia de acogida, se cuida a los niños y se estudia en una academia de idiomas. Ya que Robert estaba estudiando en Barcelona, Gabi le escribió un correo electrónico. Le pido encontrar una familia de acogida para ella en España. Robert miró periódicos y páginas webs con anuncios. Encontró familias de acogida en http://www.aupair-world.net/. Después fue a una agencia de au pairs en Barcelona. Le atendió una mujer que se llamaba Alicia Girasoles.

-Mi hermana es de Alemania. Le gustaría trabajar como au pair en una familia española. ¿Me puede ayudar? -le preguntó Robert a Alicia.

-Claro, por supuesto. Gestionamos la colocación de au pairs a familias en toda España. Un au pair llega a una familia de acogida para ayudar en la casa y para ocuparse de los niños. La familia le da comida, una habitación y un poco de dinero al au pair. Normalmente son entre doscientos y seiscientos euros. La familia también tiene que pagar un curso de idioma para el au pair -dijo Alicia.

-¿Hay familias más y menos aptas? -preguntó Robert.

-En la elección de una familia hay dos problemas. Primero hay algunas familias que piensan que el au pair es un empleado, responsable para todas las tareas de la casa: cocinar para toda la familia, limpiar, lavar la ropa, cuidar el jardín, etc, pero un au pair no es un sirviente. Es como la hija o el hijo mayor de la familia que ayuda a sus padres con los niños más pequeños. Para proteger sus derechos, los au pairs tienen que elaborar un contrato con la familia de acogida. No te fíes si las agencias o las familias te dicen que usan un contrato estándar. No hay contrato estándar. El au pair puede modificar cualquier parte del contrato si lo considera injusto. Se debe especificar todo lo que tienen que hacer el

Gastfamilie zu leben, sich um die Kinder zu kümmern und eine Sprachschule zu besuchen. Da Robert gerade in Barcelona studierte, schrieb Gabi ihm eine E-Mail. Sie bat ihn darum, eine Gastfamilie für sie in Spanien zu finden. Robert sah Zeitungen und Websites mit Anzeigen durch. Er fand spanische Gastfamilien auf http://www.aupair-world.net/. Dann ging Robert zu einer Au-pair-Vermittlung in Barcelona. Er wurde von einer Frau beraten. Sie hieß Alicia Girasoles.

„Meine Schwester ist aus Deutschland. Sie würde gerne als Au-pair bei einer spanischen Familie arbeiten. Können Sie mir helfen?", fragte Robert Alicia.

„Natürlich, sehr gerne. Wir vermitteln Au-pairs an Familien überall in Spanien. Ein Au-pair kommt in eine Gastfamilie, um im Haus zu helfen und sich um die Kinder zu kümmern. Die Gastfamilie gibt dem Au-pair Essen, ein Zimmer und Taschengeld. Das Taschengeld liegt zwischen zweihundert und sechshundert Euro. Die Gastfamilie muss auch einen Sprachkurs für das Au-pair bezahlen", sagte Alicia.

„Gibt es gute und schlechte Familien?", fragte Robert.

„Es gibt zwei Probleme bei der Wahl einer Familie. Zum einen denken manche Familien, dass ein Au-pair ein Bediensteter sei, der alles im Haus machen muss, einschließlich für die ganze Familie kochen, putzen, waschen, Gartenarbeit usw. Aber ein Au-pair ist kein Bediensteter. Ein Au-pair ist wie eine ältere Tochter oder ein älterer Sohn der Familie, der den Eltern mit den jüngeren Kindern hilft. Um ihre Rechte zu schützen, müssen die Au-pairs eine Vereinbarung mit der Gastfamilie ausarbeiten. Glaub' bloß nicht, wenn Au-pair-Vermittlungen oder Gastfamilien sagen, dass sie eine Standardvereinbarung verwenden. Es gibt keine Standardvereinbarung. Das Au-pair kann jeden Teil der Vereinbarung ändern, wenn sie ungerecht ist. Alles, was ein Au-pair und die Gastfamilie machen, muss schriftlich in

au pair y la familia en el contrato.

El segundo problema es que algunas familias viven en pueblos muy pequeños. Allí ni hay escuelas de idioma ni sitios para pasar el tiempo libre. En este caso, se debe incluir en el contrato que la familia tiene que pagar los billetes de ida y vuelta para que el au pair pueda ir a una ciudad cercana más grande. Por ejemplo, una o dos veces por semana.

-Entiendo. A mi hermana le gustaría encontrar una familia en Barcelona. ¿Me puede ayudar a encontrar alguna familia aquí? -preguntó Robert.

-Bueno, ahora mismo tenemos alrededor de veinte familias de Barcelona -contestó Alicia. Llamó a algunas de ellas. Las familias estaban contentas de encontrar un au pair de Alemania. La mayoría quiso tener una carta con una foto de Gabi. Algunas también la querían llamar para asegurarse de que hablaba un poco de español. Así que Robert les dio su número de teléfono. Algunas de las familias llamaron a Gabi. Después les envió las cartas. Al final eligió una familia adecuada y, con la ayuda de Alicia, firmó un contrato con ellos. La familia pagó el billete de Alemania a España. Finalmente Gabi viajó a España, con muchas ilusiones y esperanzas.

der Vereinbarung festgehalten werden.

Das zweite Problem ist: Manche Familien leben in kleinen Dörfern, in denen es keine Sprachkurse und wenige Orte gibt, wo das Au-pair in seiner Freizeit hingehen kann. In diesem Fall muss die Vereinbarung enthalten, dass die Gastfamilie für Hin- und Rückfahrkarten in die nächste größere Stadt zahlen muss, wenn das Au-pair dorthin fährt. Das kann ein- oder zweimal die Woche sein."

„Alles klar. Meine Schwester hätte gerne eine Familie aus Barcelona. Können Sie eine gute Familie in dieser Stadt finden?", fragte Robert.

„Na ja, im Moment haben wir etwa zwanzig Familien aus Barcelona", antwortete Alicia. Sie rief ein paar von ihnen an. Die Gastfamilien waren froh, ein Au-pair-Mädchen aus Deutschland zu bekommen. Die meisten Familien wollten einen Brief mit einem Foto von Gabi. Manche wollten sie auch anrufen, um sicherzugehen, dass sie ein bisschen Spanisch sprach. Also gab Robert ihnen ihre Telefonnummer. Ein paar Gastfamilien riefen Gabi an. Dann schickte sie ihnen Briefe. Schließlich entschied sie sich für eine passende Familie und arbeitete mit Alicias Hilfe eine Vereinbarung mit ihnen aus. Die Familie bezahlte das Ticket von Deutschland in Spanien. Schließlich fuhr Gabi voller Hoffnungen und Träume nach Spanien.

* * *

Wörterbuch Spanisch-Deutsch

a lo largo de - entlang
a pesar de - trotz
abajo - unten
abierto, abierta - offen
abrir - öffnen
absurdo - absurd
abundante - reichlich, reichhaltig
acabado - beendet
accidente - Unfall
acercarse - auf jemanden zugehen
acompañar - begleiten
acordarse - sich erinnern
activar - aktivieren, auslösen
actuar - handeln
adecuado - geeignet
adecuar - anpassen
adiós - auf Wiedersehen, Tschüß
admitir - zugeben
afecto - Zuneigung
agencia de empleo - Arbeitsvermittlung
agitar - bewegen, schütteln
agradable - schön, angenehm
agua - Wasser
ah... - ah...
ahora - jetzt
ahora mismo - jetzt, gerade, gleich
aire - Luft
al lado de - neben
alarma - Alarm; alarma silenciosa - stiller Alarm

alemán, alemana - Deutscher, Deutsche
Alemania - Deutschland
alguno, alguna - irgendein, einige
alimentar - füttern
allí - dort
alrededor de - etwa; ringsherum
amarillo - gelb
amigo, amiga - Freund, Freundin
amo de la casa - Hausherr
Ángela (nombre) - Angela (Name)
animal - Tier; animal doméstico - Haustier
animales - Tiere
año - Jahr
anunciar - ankündigen
anuncio - Anzeige, Werbung
apagar - abdrehen
apartado - Absatz, Teil
apellido - Nachname
apellidos - Nachnamen (in spanischsprachigen Ländern gibt es normalerweise zwei Nachnamen)
aprender - lernen
aprobar - bestehen (aprobar un examen - die Prüfung bestehen)
apto, apta - geeignet
apuntar - aufschreiben, notieren, zielen auf
aquel, aquella - dieser, diese [dort] (Sg.)
aquellos, aquellas - diese, diese [dort] (Pl.)
aquí - hier
arena - Sand
arma - Waffe

arrancar - starten (arrancar el motor - den Motor starten)

artículo - Artikel

artista - Künstler, Künstlerin

ascensor - Aufzug

asegurarse - sich versichern, sicherstellen

asesor, asesora - Berater, Beraterin

asociación - Verein

aspirina - Aspirin

astucia - Trick, Schläue

astutamente - schlau

atención - Achtung

atención - Aufmerksamkeit

atención al cliente - Kundenservice, Kunden bedienen

atentamente - hochachtungsvoll

aterrizar - landen

atraco - Überfall

atravesar - durchgehen, durchqueren

autobús, bus - Autobus

ave - Vogel

ave marina - Meeresvogel

avión - Flugzeug

avisar - Bescheid sagen

ayuda - Hilfe

ayudante - Helfer

ayudar - helfen

azul - blau

bailar - tanzen

bajar - aussteigen, hinunterfahren

banco - Bank

bañera - Badewanne

barca - Schiff

Barcelona - Barcelona

bastante - ziemlich

beber - trinken

besar - küssen

bici, bicicleta - Fahrrad (bicicleta deportiva - Sportfahrrad)

bien - gut

billete - Ticket, Fahrkarte; billete de avión - Flugticket

billón - Billion

blanco, blanca - weiß

bocadillo, bocadillos - Sandwich, Sandwiches

bol - Schüssel

bolígrafo - Kugelschreiber

bolsillo - Tasche; Jacken-, Hosentasche

bolso - Tasche

bonito, bonita - schön

brazo - Arm

bueno, buena [adj] - gut

buscar - suchen

cabello - Haare

cabeza canosa - grauhaarig

cable - Kabel

cachorro - Welpe

cada - jede, jeder, jedes

caer - fallen

café - Kaffee

cafetera - Kaffeemaschine

cafetería - Kaffeehaus

caja - Kasse, Kiste, Schachtel; caja fuerte - Tresor

cajero, cajera - Kassierer, Kassiererin
calentar - aufwärmen
calle - Straße
calles - Straßen
cama - Bett
camas - Betten
caminar - gehen
camión - Lastwagen
camionero - Lastwagenfahrer
campo - Feld
Canadá - Kanada
canadiense - Kanadier, Kanadierin
canguro - Känguru
cansado, cansada - müde
cantante - Sänger, Sängerin
cantar - singen
capitán - Kapitän
cara - Gesicht
cargador - Verlader
cargar - laden, tragen
carné, permiso de conducir - Führerschein
Carol (nombre) - Carol (Name)
carrera - Studium
carretera - Straße
carta - Brief
casa - Haus (en casa - zu Hause, a casa - nach Hause)
casado - verheiratet
categoría - Kategorie
causar - verursachen
CD (disco compacto) - CD
cebra - Zebra

centro - Zentrum (centro de la ciudad - Stadtzentrum); centro comercial - Einkaufszentrum
cerca - nahe
cercano, cercana - nahe
ceremonia - Zeremonie
cerrado - geschlossen
cerrar - schließen
chaqueta - Jacke
chico, chica - Junge, Mädchen
chillar - kreischen, schreien
cielo - Himmel
cinco - fünf
cincuenta y cinco - fünfundfünfzig
cincuenta y dos - zweiundfünfzig
cintas de video - Videokasette
cinturón (de seguridad) - (Sicherheits-)Gurt
ciudad - Stadt
ciudades - Städte
clase - Klasse, Klassenzimmer, Unterrichtsstunde
cliente - Kunde
club deportivo - Sportverein
coche - Auto
cocina - Herd, Küche
cocinar - kochen
coger - fangen, nehmen
cola - (Warte-)Schlange, Schwanz
colchón - Matratze
colocar - stellen, legen
columna - Rubrik
comentar - kommentieren, besprechen

comenzar - anfangen
comer - essen
como - wie
compañero de trabajo - Arbeitskollege
compañía - Firma
componer - erstellen, verfassen
comprar - kaufen
comprimido - Tablette
comunicar - mitteilen
con - mit
con cuidado - vorsichtig
conducir - fahren
conductor - Fahrer
conectar - verbinden
confuso - verwirrt
conocer - kennen lernen, wissen, kennen
conocimiento - Kenntnisse
conseguir - erreichen
consistir - bestehen
contar - erzählen
contenta - glücklich
contestador automático - Anrufbeantworter
contestar - antworten
continuará - Fortsetzung folgt
contra - gegen
contrato - Vertrag
controlar - kontrollieren
coordinación - Koordination
correcto - korrekt, incorrecto - inkorrekt
correo electrónico - E-mail
correr - laufen

corresponder - entsprechen
corriente - Strom
corto, corta - kurz
cosa - Ding
costar - kosten
creativo, creativa - kreativ
creer - glauben
crimen - Verbrechen
cristal - Kristall
cruzar - kreuzen, durchgehen, überqueren
cuaderno - Notizbuch
cuadernos - Notizbücher
cuáles - welche
cualquiera - irgendein (cualquier tipo de trabajo - irgendeine Art von Arbeit)
cuando - wenn, als
cuánto, cuántos - wie viel, wie viele
cuarenta y cuatro - vierundvierzig
cuartel (de policía) - Polizeiwache
cuarto de baño - Badezimmer
cuarto, cuarta - vierter, vierte, viertes
cuatro - vier
cubo - Eimer
cuestionario - Fragebogen
cuidador de animales, cuidadora de animales - Tierpfleger, Tierpflegerin
cuidadoso, cuidadosa - sorgfältig
cumplir - erfüllen
curriculum - Lebenslauf
curso - Studienjahr
dar - geben (dará - er/sie/es wird geben)
dar la mano - die Hand geben

dar la vuelta - herumgehen, umrunden

dar las gracias - danke sagen

darse por vencido - aufgeben

datos - Daten, Angaben

David (nombre) - David (Name)

de - von

de acuerdo - einverstanden

de manera individual - individuell, einzeln

de Nancy - Nancys (el gato de Nancy - Nancys Katze)

de repente - plötzlich

de Robert - Roberts (la habitación de Robert - Roberts Zimmer)

de su padre - seines Vaters (el coche de su padre - das Auto seines Vaters)

de uno en uno - einer nach dem anderen, einzeln

de vez en cuando - manchmal

debajo de - unter

deber - sollen

deberes - Hausaufgaben

décimo, décima - zehnter, zehnte, zehntes

decir - sagen

dejar - verlassen

dejar de - aufhören zu

delante de - vor

delantero, delantera - vorderer, vordere

delincuente - Verbrecher

demás - weitere, übrige

dentro - (dr)innen

departamento - Abteilung (departamento de recursos humanos - Personalabteilung)

dependiente, dependienta - Verkäufer, Verkäuferin

deporte - Sport, deportivo - sportlich

derecho - Recht

derecho, derecha - rechts

derechos - Rechte

desaparecer - verschwinden

desarrollar - entwickeln

desayunar - frühstücken

desayuno - Frühstück

descarga eléctrica - Stromstoß

descargar - ausladen

descolgar (el teléfono) - abheben

desconocido, desconocida - unbekannt

desde que - seit

despacho - Büro

despedir - entlassen

después de - dann, danach

destruye - zerstören

detrás - hinter

devolver - zurückbringen

día - Tag

diario, diaria - täglich

diez - zehn

diferente - verschieden

difícil - schwierig

diga (teléfono) - ja, hallo

dinero - Geld

dirección - Adresse

directamente - direkt

dirigir a - richten an

dirigirse - sich begeben

discurso - Rede
diseño - Design
disparar - schießen
divertido, divertida - lustig
doler - schmerzen, bedauern
dónde - wo
dormir - schlafen
dos - zwei
durar - dauern
durmiendo - schlafend
duro - hart
DVD - DVD
e - und (vor Worten, die mit (h)i beginnen, sonst «y»)
edad - Alter
edificio, edificios - Gebäude (Sg./Pl.)
editor - Herausgeber
editorial - Verlag
ejemplo - Beispiel
ejercicio, ejercicios - Übung, Übungen
él - er
elaborar - ausarbeiten
eléctrico, eléctrica - elektrisch
elegir - auswählen
ella - sie
ellos - sie (Pl.)
empezar a - anfangen
empleo - Arbeit, Job
empresa - Firma; empresa de transporte - Transportfirma
empujar - stoßen
en - in
en cuestión - fraglich, betreffend
en lugar de - anstatt
en serio - ernsthaft
en voz alta - laut
encantado - erfreut; encantado de conocerle - es freut mich Sie kennenzulernen
encargo - Auftrag
encender - aufdrehen
encima de - auf
encontrar - finden
energía - Energie
enfadado, enfadada - wütend
enganchado - verhakt, festhängend
engullir - verschlingen, fressen, schlucken
enseñar - zeigen
entender - verstehen
entero - ganz
entre - zwischen
entregar - abgeben, überreichen
entrenar - trainieren (entrenado - trainiert)
enunciado - Angabe
enviar - senden
época - Zeitraum
equipo - Team
equivocarse - sich irren
es hora de - es wird Zeit
esbozo - Entwurf
escalera, escaleras - Stiege, Stiegen
escapar - entwischen, weglaufen
escaparse - entwischen
escena - Szene, Aktion

escoger - auswählen, aussuchen

esconder - verstecken

escondite - Versteck

escribir - schreiben

escritor - Schriftsteller, Autor

escuchar - hören, zuhören

espacio - Raum, Platz

España - Spanien

español, española - Spanier, Spanierin

especialmente - besonders

esperanza - Hoffnung

esperar - (er)warten

esposas - Handschellen

estación de trenes - Bahnhof

estado civil - Familienstand

Estados Unidos - Vereinigte Staaten

estadounidense - Amerikaner, Amerikanerin

estándar - Standard

estantería - Bücherregal

este, esta - dieser, diese [hier] (Sg.); este libro - dieses Buch

estirado - ausgestreckt

estirar - ziehen

estos, estas - diese, diese [hier] (Pl.)

estoy [estar] / soy [ser] - ich bin (sein)

estrella - Stern

estudiante - Schüler (Sg.)

estudiantes - Schüler (Pl.)

estudiar - studieren

Eurasia - Eurasien

euro - Euro

evaluar - auswerten, bewerten

examen - Prüfung

exceso - Übermaß, Überschuss (exceso de velocidad - Geschwindigkeitsübertretung)

excursión - Ausflug

exhibición de vuelo - Flugshow

expectativa - Erwartung (expectativa salarial - Gehaltsvorstellung)

experiencia - Erfahrung

explicar - erklären

expresar - ausdrücken

extenderse - ausbreiten

extranjero, extranjera - ausländisch

extraño, extraña - seltsam

extraterrestre - Alien, Außerirdischer

fácil - einfach

familia - Familie; familia de acogida - Gastfamilie

fantástico - fantastisch

farmacia - Apotheke

favorito, favorita - Lieblings-, bevorzugt

felicidad - Glück

feliz - glücklich

fingir - vortäuschen

flor - Blume

flotar - treiben, schwimmen

fluido - fließend

formación - Ausbildung

formulario - Formular

foto - Foto (sacar fotos - Fotos machen)

fotografía - Fotografie

fotógrafo - Fotograf

francés - Französisch
frenar - bremsen
frío - kalt
frotar - reiben
fuego - Feuer
fuera - draussen
fuera de servicio - außer Betrieb
fuerte - stark
fuerza - Stärke
futuro - future
ganar - verdienen
gas - Gas
gato, gata - Kater, Katze
    (Verkleinerungsform: gatito, gatita)
gatos, gatas - Kater, Katzen
genial - genial
gente - Leute
girar - drehen, umdrehen
golpear - schlagen
goma - Gummi
grabación - Aufnahme
grabar - aufnehmen
gracia - Witz, Spaß
gracias - danke
gracioso, graciosa - funny
grande - groß (más grande - größer, el/la más grande - der/die größte)
granja - Bauernhof
granjero - Bauer
gratuito - gratis
grifo - Wasserhahn
gris - grau

guardería - Kindergarten
guerra - Krieg
gustar - mögen, gefallen
habilidad - Können, Fertigkeit
habitación - Zimmer (Sg.)
habitaciones - Zimmer (Pl.)
hablar - sprechen
hace - vor (hace un mes - vor einem Monat)
hacer - machen
hacer un pulso - Arm drücken
hacia - nach, zu
hambre - Hunger
hasta - bis; hasta ahora - bis gleich
hay - es gibt
hegemonía mundial - Weltherrschaft
helado - Eiscreme
hermana - Schwester
hermano - Bruder
hijo, hija - Sohn, Tochter
historia - Geschichte
hoja - Zettel, Papier; hoja de instrucciones - Beipackzettel
hola - hallo
hombre - Mann
hora - Stunde (cinco euros por hora - fünf Euros pro Stunde)
hotel - Hotel (Sg.)
hoteles - Hotel (Pl.)
hoy - heute
humano - Mensch
ida y vuelta - hin und zurück
idea - Idee

idioma, lengua - Sprache
igual - gleich
igualmente - gleichfalls
ilusión - Traum
imaginar - vorstellen
impactar - einschlagen
importante - wichtig
incluir - inkludieren
informar - informieren
informe - Bericht (informe policial - Polizeibericht)
ingeniero, ingeniera - Ingenieur, Ingenieurin
injusto - unfair
inscripción - Einschreibung, Anmeldung
instante - Moment
instituto - Highschool
inteligente - intelligent
intentar - versuchen
interesante - interessant
inventar - erfinden
invitado, invitada - Gast
ir (voy) - gehen (ich gehe)
italiano, italiana - Italiener, Italienerin
izquierdo, izquierda - links
Japón - Japan
japonés, japonesa - Japaner, Japanerin
jardín - Garten
jarra - Krug
jaula - Käfig
jefa del departamento - Abteilungsleiterin
jefe de la empresa - Firmenchef

jefe, jefa - Chef, Chefin
joven - jung
jugar - spielen
juguete - Spielzeug
juntos - gemeinsam
justo antes - gerade vorher
Kasper (nombre) - Kasper (Name)
kilómetro - Kilometer
lactancia - Stillzeit
ladrar - bellen (ladró - bellte)
ladrón, ladrones - Dieb, Diebe
lago - See
lápices - Stifte
lápiz - Stift
largo, larga - lang
láser - Laser
lavado de coches - Waschanlage (für Autos)
lavadora - Waschmaschine
lavar - waschen
lavarse - sich waschen
leer (leyó) - lesen (er hat gelesen)
lejos - weit
lengua - Sprache, lengua materna - Muttersprache
lentamente - langsam
león - Löwe
levantar - aufheben, (hoch)heben; levantar la mirada - den Blick heben
levantarse - aufstehen
libro - Buch; libro especializado - Fachbuch
líder - Führer
liderazgo - Führung

ligeramente - leicht

limite - Limit, Grenze; limite de velocidad - Geschwindigkeitsbegrenzung

limpiando - abputzend, säubernd

limpio - sauber

Linda (nombre) - Linda (Name)

lista - Liste

listo - bereit, fertig; schlau

llamada - Anruf

llamar - rufen, llamar por teléfono - anrufen

llave - Schlüssel

llegar a - ankommen, gelangen

llenar - anfüllen

lleno, llena - voll

llevar - tragen

lluvia - Regen

locutorio - Callcenter

lograr - erreichen

lugar - Ort

lunes - Montag

madre - Mutter

maestro, maestra - Lehrer, Leherin

magnifico, magnifica - großartig, herrlich

mal - schlecht

maldita sea - verdammt

maloliente - stinkend

mañana - Morgen

manera - Art, Weise

mantequilla - butter

manual - händisch (trabajo manual - Handarbeit)

mapa - Karte

mapas - Karten

máquina - Maschine

mar - Meer

mar adentro - seewärts

maravilloso, maravillosa - wundervoll, wunderbar

marcar - kennzeichnen

Martín (nombre) - Martin (Name)

más - mehr

más cercano, más cercana - nächster, nächste

mascota - Haustier

matar - töten

máximo - maximal

mayor - ältere

mayoría - Mehrheit

media jornada - halbtags

médico, médica - Arzt, Ärztin

medio, media - halb

mejor - besser

memorizar - merken, auswendig lernen

menos - weniger

mental - mental (trabajo mental - Kopfarbeit)

mercancía - Ware

merienda - Snack

mesa - Tisch

mesas - Tische

metal - Metall

metálico - metallisch

meter - (hinein)stecken, (hinein)legen

método - Methode

metro - Meter

mi, mis - mein, meine

micrófono - Mikrofon

miedoso - ängstlich

miembro - Mitglied

mientras tanto - inzwischen

mil - Tausend (miles - Tausende)

minino, minina - Kater, Katze

minuto - Minute

mío - mein

mirar - schauen

mirar alrededor - sich umsehen

misión - Mission

modificar - verändern

mojado, mojada - nass

molestar - stören, ärgern

mono - Affe

monótono - monoton

morder - beißen

morir - sterben

mortal - tötlich

mosquito - Stechmücke

mostrar - zeigen

motor - Motor; motor principal - Hauptmotor

móvil - Handy

mucho - sehr; mucho, mucha - viel; mucho, muchos - viel, viele

mueble, muebles - Möbel (Sg./Pl.)

mujer - Frau

multa - Strafe

mundo - Welt

muñeco - Puppe

música - Musik

muy - sehr

nacionalidad - Nationalität

nadar - schwimmen

Nancy (nombre) - Nancy (Name)

narices - Nasen

nariz - Nase

nave espacial - Raumschiff

necesitar - brauchen, benötigen

negro - black

ni ... ni - weder ... noch

ni puede expresar - er/sie/es kann nicht einmal ausdrücken

ninguno, ninguna - keiner, keine, keines (ningún gato - keine Katze)

niño, niña - Kind

niños, niñas - Kinder

no - Nein, nicht

noche - Nacht

nombrar - nennen

normalmente - normalerweise

nosotros - wir

noveno, novena - neunter, neunte, neuntes

noventa y cinco - fünfundneunzig

novio, novia - Freund/Partner, Freundin/Partnerin

nuestro, nuestra - unser, unsere

nueve - neun

nuevo, nueva - neu

número - Nummer

nunca - niemals

ocho - acht

octavo, octava - achter, achte, achtes

ocuparse - kümmern
ocurrir - geschehen
odiar - hassen
Oh - Oh
ojo - Auge
ojos - Augen
ola - Welle
olvidar - vergessen
once - elf
opcional - optional, freiwillig
optar por - sich entscheiden für, wählen
orca - Schwertwal
ordenador - Computer
ordenar - anordnen, befehlen
oreja - Ohr
origen - Herkunft
orilla - Küste
otra vez - wieder
otro, otra - ein anderer, eine andere
Oye - Hey
padre - Vater
padres - Eltern
pagar - zahlen
página - Seite; página web - Webseite
país - Land
pájaro, pájaros - Vogel, Vögel
palabra - Vokabel, Wort
palabras - Vokabeln
pálido, pálida - blass
pánico - Panik
pantalones - Hose
para - für; para qué - wofür

paracaídas - Fallschirm
paracaidista - Fallschirmspringer
parada de bus - Autobushaltestelle
parar - aufhalten
pararse - anhalten, stehen bleiben
parque - Park
parques - Parks
participar - teilnehmen
pasar por - durchgehen
pasar tiempo - Zeit verbringen
pasear - spazieren gehen
pasillo - Gang
patio - Hof
patrulla - Streife
patrullar - Streife fahren
Paul (nombre) - Paul (Name)
pausa - Pause
pedir - bitten
pegar - schlagen
película - Film; película de aventura - Abenteuerfilm
pensamiento, pensamientos - Gedanke, Gedanken
pensar - denken
pensativo, pensativa - nachdenklich
pequeño - klein (Verkleinerungsform: pequeñito)
perder - verlieren
perder el conocimiento - bewusstlos werden
perfil - Profil
periódico - Zeitung
periodista - Journalist

permanecer - bleiben

permiso de conducir - Führerschein

pero - aber

perro - Hund

perros - Hunde

persecución - Verfolgung

persona - Person

petróleo - Öl (aber: aceite - Speiseöl)

petrolero - Tanker

pez, peces - Fisch, Fische

pie - Fuß; a pie - zu Fuß

piedra - Stein

pierna - Bein

piloto - Pilot

pisar - treten

pisar a fondo - durchtreten

plan - Plan

planeta - Planet

plato - Teller

plaza - Platz

plazo - Frist

pobre - arm

poco - wenig

poder (puedo) - können (ich kann)

policía - Polizei, Polizist

Polonia - Polen

ponerse a - beginnen zu

por cierto - übrigens

por ejemplo - zum Beispiel

por favor - bitte

por la mañana - in der Früh

por lo tanto - also, daher

por qué - warum

por supuesto - selbstverständlich

porque - weil

posibilidad - Möglichkeit

pote - Topf, Kessel

precio - Preis

preguntar - fragen

preparar - zubereiten, vorbereiten

presentar - zeigen

primero - zuerst; primero, primera - erster, erste, erstes

producir - herstellen

productos químicos - Chemikalien

profesión - Beruf

profesor, profesora - Professor, Professorin

programa - Programm; programa de intercambio - Austauschprogramm

programador - Programmierer

propietario, propietaria - Besitzer, Besitzerin

propio - eigene, eigener, eigenes

proteger - beschützen

público - Zuschauer

pueblo - Dorf

puente - Brücke

puerta - Tür

puntual - pünktlich

que - als (más joven que - jünger als); dass (Dice que esta película es interesante. - Sie sagt, dass dieser Film interessant ist.)

qué bien - wie großartig, wie toll

qué tal - wie geht's

quedar - bleiben

quedarse de piedra - erstarren (piedra - Stein)

querer - mögen, lieben

querido - lieb (queridos amigos - liebe Freunde)

quién - wer

química - Chemie

químico - chemisch

quince - fünfzehn

quinto, quinta - fünfter, fünfte, fünftes

quizá - vielleicht

radar - Radar

radio - Funk, Funkgerät

rápido - schnell

raro, rara - seltsam

rata - Ratte

rato - Weile

razón - Grund

real - wirklich

realmente - wirklich

rebotar - abprallen

rechazar - verweigern

recibir - erhalten, empfangen

recoger - abholen

recomendar - empfehlen

recordar - erinnern

rector de la universidad - Rektor einer Universität

redactar - schreiben, verfassen

redondo, redonda - rund

regla - Regel

rehabilitación - Rehabilitation

rehabilitar - rehabilitieren

reírse - lachen

rellenar - ausfüllen

reloj - Uhr

rendir - aufgeben

reportaje - Bericht

reproductor de CD - CD-Spieler

requerir - erfordern

residencia de estudiantes - Studentenwohnheim

revisión médica - ärztliche Kontrolle

revista - Zeitschrift

rico, rica - lecker; reich

robado - gestohlen

robar - stehlen

Robert (nombre) - Robert (Name)

robo - Raub, Diebstahl

rojo - rot

romántico - romantisch

romper - zerschlagen, zerbrechen

rueda - Rad

ruso - Russisch

ruso, rusa - Russe, Russin

sábado - Samstag

saber - wissen, können

sacar a pasear - Gassi gehen (pasear al perro - den Hund spazieren führen)

sacudir - schütteln

salario - Gehalt

salir - hinausgehen

saltar - springen, salto - Sprung

salud - Gesundheit

salvamento - Rettung

salvar - retten

salvo - außer

sargento - Polizeihauptmeister

secar - trocknen

secretaria - Sekretärin

secreto, secreta - geheim

seguir - weitermachen

segundo, segunda - zweiter, zweite, zweites

seguro, segura - sicher

seis - sechs

seleccionar - auswählen

semilla - Samen

señal - Signal

sencillo - einfach

sentado (sentarse) - er/sie/es sitzt (sich setzen)

sentarse - sich setzen

sentir (lo siento) - bedauern (es tut mir leid)

séptimo, séptima - siebenter, siebente, siebentes

servicio - Toilette

servicio de socorro - Rettungsdienst

sesenta - sechzig

sexo - Geschlecht

sexto, sexta - sechster, sechste, sechstes

sí - Ja

si (condicional) - wenn, falls

siempre - immer

siete - sieben

siguiente - folgend

silencio - Stille

silla - Stuhl

simpático - sympathisch

simplemente - einfach

sin - ohne

sirena - Sirene, Blaulicht

sirviente, sirvienta - Diener, Dienerin

sitio - Platz

situación - Situation

sobre - über; auf

solicitar - bewerben

solicitud de trabajo - Bewerbung

sólo - nur

soltero - ledig

solución - Lösung

sombrero - Hut

sonar - läuten

soñar - träumen (soñar despierto - tagträumen)

sonrisa - Lächeln; sonreir - lächeln

sorprendido, sorprendida - überrascht

spaniel - Spaniel (Hunderasse)

su - sein, seine, seines; su cama - sein Bett

subir - einsteigen

subrayar - unterstreichen

sucio, sucia - dreckig

suelo - Boden

sueño - Traum

sueños - Träume

suficiente - ausreichend

supermercado - Supermarkt

susto - Schreck(en)

talento - Begabung
también - auch
tan - so
tardar - brauchen (tardar mucho - lange dauern)
tarde - Nachmittag, Abend; spät
tarea - Aufgabe
taxi - Taxi
taxista - Taxifahrer
taza - Tasse
té - Tee
te toca - du bist dran
techo - Dach
teclado - Tastatur
teléfono - Telefon
televisor - Fernsehgerät
temblar - zittern
temerario - waghalsig, tollkühn (conductor temerario - Raser)
temporada - Zeit, Saison
tener - haben
tener que - müssen
tenis - Tennis
tercero, tercera - dritter, dritte, drittes
terminar - beenden
tetera - Teekessel
texto - Text
tiempo completo - Vollzeit
tiempo libre - Freizeit
tiempo parcial - Teilzeit
tienda - Laden
tienda de deportes - Sportladen
tienda informática - Computerfirma
tiendas - Läden
tiene - er/sie/es hat (Tiene un libro. - Er/Sie/Es hat ein Buch.)
tierra - Erde
tigre - Tiger
tipo - Art
todo - alles; todo el mundo - alle
todos - jeder
tonto - dumm
trabajador - Angestellter
trabajo - Arbeit
traductor, traductora - Übersetzer, Übersetzerin
tranquilamente - ruhig
transporte - Transport
tras - nach
tratar - versuchen; tratar de - handeln von
travieso - frech, schlau
treinta - dreißig
tren - Zug
tres - drei
triste - traurig
truco - Trick
tú - du
televisión - Fernsehen
un poco - ein bisschen
un, una - ein, eine
una vez, dos veces - einmal, zweimal
unidad - Einheit
universidad - Universität
uno - eins

untar - bestreichen, schmieren
usar - benutzen
va (ir) - er/sie/es geht, er/sie/es fährt (gehen, fahren)
vacío - leer
vale - in Ordnung, o.k.
valer - kosten
valorar - einschätzen
vamos - lasst uns
vecino - Nachbar
veinte - zwanzig
veinticinco - fünfundzwanzig
veintiuno - einundzwanzig
velocidad - Geschwindigkeit
vender - verkaufen
ventana - Fenster (Sg.)
ventanas - Fenster (Pl.)
ventanilla - Autofenster
ver - sehen
verde - grün

vergüenza - Scham
verificar - kontrollieren, überprüfen
verter - schütten, gießen
vestíbulo - Eingangshalle
vestido - Kleid; vestido, vestida - angezogen, bekleidet
veterinario - Tierarzt
vez - Mal (tantas veces - so oft)
viajar - reisen
videoclub - Videothek
vidrio - Glas
viejo, vieja - alt
viento - Wind
vigilar - beobachten
vivir - leben
volar - fliegen
volver - zurückkehren, umkehren
voz - Stimme
y - und
ya - schon
yo - ich
zoo - Zoo
zorro - Fuchs

Wörterbuch Deutsch-Spanisch

abdrehen - apagar

Abenteuerfilm - película de aventura

aber - pero

abgeben, überreichen - entregar

abheben - descolgar (el teléfono)

abholen - recoger

abprallen - rebotar

abputzend, säubernd - limpiando

Absatz, Teil - apartado

absurd - absurdo

Abteilung - departamento
    (Personalabteilung - departamento de recursos humanos)

Abteilungsleiterin - jefa del departamento

acht - ocho

achter, achte, achtes - octavo, octava

Achtung - atención

Adresse - dirección

Affe - mono

ah... - ah...

aktivieren, auslösen - activar

Alarm - alarma

Alien, Außerirdischer - extraterrestre

alle - todo el mundo

alles - todo

als - que (jünger als - más joven que)

also, daher - por lo tanto

alt - viejo, vieja

Alter - edad

ältere - mayor

Amerikaner, Amerikanerin - estadounidense

anfangen - comenzar, empezar a

anfüllen - llenar

Angabe - enunciado

Angela (Name) - Ángela (nombre)

Angestellter - trabajador

angezogen, bekleidet - vestido, vestida

ängstlich - miedoso

anhalten, stehen bleiben - pararse

ankommen, gelangen - llegar a

ankündigen - anunciar

anordnen, befehlen - ordenar

anpassen - adecuar

Anruf - llamada

Anrufbeantworter - contestador automático

anstatt - en lugar de

antworten - contestar

Anzeige - anuncio

Apotheke - farmacia

Arbeit - trabajo; Job - empleo

Arbeitskollege - compañero de trabajo

Arbeitsvermittlung - agencia de empleo

Arm - brazo; 2. (dürftig) pobre

Armdrücken - hacer un pulso

Art, Weise - manera, tipo

Artikel - artículo

Arzt, Ärztin - médico, médica

ärztliche Kontrolle - revisión médica

Aspirin - aspirina
auch - también
auf - encima de
auf jemanden zugehen - acercarse
auf Wiedersehen, Tschüß - adiós
aufdrehen - encender
Aufgabe - tarea
aufgeben - darse por vencido, rendir
aufhalten - parar
aufheben, (hoch)heben - levantar
aufhören zu - dejar de
Aufmerksamkeit - atención
Aufnahme - grabación
aufnehmen - grabar
aufschreiben, notieren - apuntar
aufstehen - levantarse
Auftrag - encargo
aufwärmen - calentar
Aufzug - ascensor
Auge - ojo
Augen - ojos
ausarbeiten - elaborar
Ausbildung - formación
ausbreiten - extenderse
ausdrücken - expresar
Ausflug - excursión
ausfüllen - rellenar
ausgestreckt - estirado
ausladen - descargar
ausländisch - extranjero, extranjera
ausreichend - suficiente
außer - salvo

außer Betrieb - fuera de servicio
aussteigen - bajar
Austauschprogramm - programa de intercambio
auswählen, aussuchen - escoger, seleccionar, elegir
auswerten - evaluar
Auto - coche
Autobus - autobús, bus
Autobushaltestelle - parada de bus
Autofenster - ventanilla
Badewanne - bañera
Badezimmer - cuarto de baño
Bahnhof - estación de trenes
Bank - banco
Barcelona - Barcelona
Bauer - granjero
Bauernhof - granja
bedauern (es tut mir leid) - sentir (lo siento)
beenden - terminar
beendet - acabado
Begabung - talento
beginnen zu - ponerse a
begleiten - acompañar
Bein - pierna
Beipackzettel - hoja de instrucciones
Beispiel - ejemplo
beißen - morder
bellen - ladrar (bellte - ladró)
benötigen - necesitar
benutzen - usar
beobachten - vigilar

Berater, Beraterin - asesor, asesora

bereit, fertig - listo

Bericht - informe (Polizeibericht - informe policial), reportaje

Beruf - profesión

Bescheid sagen - avisar

beschützen - proteger

Besitzer, Besitzerin - propietario, propietaria

besonders - especialmente

besser - mejor

bestehen - aprobar (die Prüfung bestehen - aprobar un examen), consistir

bestreichen, schmieren - untar

Bett - cama

Betten - camas

bewegen, schütteln - agitar

bewerben - solicitar

Bewerbung - solicitud de trabajo

bewerten - evaluar

bewusstlos werden - perder el conocimiento

Billion - billón

bis - hasta

bis gleich - hasta ahora

bitte - por favor

bitten - pedir

black - negro

blass - pálido, pálida

blau - azul

bleiben - permanecer, quedar

Blume - flor

Boden - suelo

brauchen - tardar (lange dauern - tardar mucho)

bremsen - frenar

Brief - carta

Brücke - puente

Bruder - hermano

Buch - libro

Bücherregal - estantería

Büro - despacho

butter - mantequilla

Callcenter - locutorio

Carol (Name) - Carol (nombre)

CD - CD (disco compacto)

CD-Spieler - reproductor de CD

Chef, Chefin - jefe, jefa

Chemie - química

Chemikalien - productos químicos

chemisch - químico

Computer - ordenador

Computerfirma - tienda informática

Dach - techo

danke - gracias

danke sagen - dar las gracias

dann, danach - después de

dass - que (Sie sagt, dass dieser Film interessant ist. - Dice que esta película es interesante.)

Daten, Angaben - datos

dauern - durar

David (Name) - David (nombre)

den Blick heben - levantar la mirada

denken - pensar

Design - diseño

Deutscher, Deutsche - alemán, alemana

Deutschland - Alemania

die Hand geben - dar la mano

Dieb, Diebe - ladrón, ladrones

Diener, Dienerin - sirviente, sirvienta

diese, diese [dort] (Pl.) - aquellos, aquellas

diese, diese [hier] (Pl.) - estos, estas

dieser, diese [dort] (Sg.) - aquel, aquella

dieser, diese [hier] (Sg.) - este, esta; dieses Buch - este libro

Ding - cosa

direkt - directamente

Dorf - pueblo

dort - allí

draussen - fuera

dreckig - sucio, sucia

drehen, umdrehen - girar

drei - tres

dreißig - treinta

(dr)innen - dentro

dritter, dritte, drittes - tercero, tercera

du - tú

du bist dran - te toca

dumm - tonto

durchgehen, durchqueren - atravesar, pasar por

durchtreten - pisar a fondo

DVD - DVD

eigene, eigener, eigenes - propio

Eimer - cubo

ein anderer, eine andere - otro, otra

ein bisschen - un poco

ein, eine - un, una

einer nach dem anderen, einzeln - de uno en uno

einfach - fácil, sencillo, simplemente

Eingangshalle - vestíbulo

Einheit - unidad

Einkaufszentrum - centro comercial

einmal, zweimal - una vez, dos veces

eins - uno

einschätzen - valorar

einschlagen - impactar

Einschreibung, Anmeldung - inscripción

einsteigen - subir

einundzwanzig - veintiuno

einverstanden - de acuerdo

Eiscreme - helado

elektrisch - eléctrico, eléctrica

elf - once

Eltern - padres

E-mail - correo electrónico

empfehlen - recomendar

Energie - energía

entlang - a lo largo de

entlassen - despedir

entsprechen - corresponder

entwickeln - desarrollar

entwischen, weglaufen - escapar, escaparse

Entwurf - esbozo

er - él

er/sie/es geht, er/sie/es fährt (gehen, fahren) - va (ir)

er/sie/es hat - tiene (Er/Sie/Es hat ein Buch. - Tiene un libro.)

er/sie/es sitzt (sich setzen) - sentado (sentarse)

Erde - tierra

Erfahrung - experiencia

erfinden - inventar

erfordern - requerir

erfreut - encantado

erfüllen - cumplir

erhalten, empfangen - recibir

erinnern - recordar

erklären - explicar

ernsthaft - en serio

erreichen - conseguir, lograr

erstarren (piedra - Stein) - quedarse de piedra

erstellen, verfassen - componer

erster, erste, erstes - primero, primera

(er)warten - esperar

Erwartung - expectativa (Gehaltsvorstellung - expectativa salarial)

erzählen - contar

es freut mich Sie kennenzulernen - encantado de conocerle

es gibt - hay

es wird Zeit - es hora de

essen - comer

etwa; ringsherum - alrededor de

Eurasien - Eurasia

Euro - euro

Fachbuch - libro especializado

fahren - conducir

Fahrer - conductor

Fahrrad - bici, bicicleta (bicicleta deportiva - Sportfahrrad)

fallen - caer

Fallschirm - paracaídas

Fallschirmspringer - paracaidista

Familie - familia

Familienstand - estado civil

fangen - coger

fantastisch - fantástico

Feld - campo

Fenster (Pl.) - ventanas

Fenster (Sg.) - ventana

Fernsehen - televisión

Fernsehgerät - televisor

Feuer - fuego

Film - película

finden - encontrar

Firma - compañía, empresa

Firmenchef - jefe de la empresa

Fisch, Fische - pez, peces

fliegen - volar

fließend - fluido

Flugshow - exhibición de vuelo

Flugticket - billete de avión

Flugzeug - avión

folgend - siguiente

Formular - formulario

Fortsetzung folgt - continuará

Foto - foto (Fotos machen - sacar fotos)

Fotograf - fotógrafo

Fotografie - fotografía

Fragebogen - cuestionario

fragen - preguntar

fraglich, betreffend - en cuestión

Französisch - francés

Frau - mujer

frech, schlau - travieso

Freizeit - tiempo libre

Freund, Freundin - amigo, amiga

Freund/Partner, Freundin/Partnerin - novio, novia

Frist - plazo

Frühstück - desayuno

frühstücken - desayunar

Fuchs - zorro

Führer - líder

Führerschein - carné, permiso de conducir

Führung - liderazgo

fünf - cinco

fünfter, fünfte, fünftes - quinto, quinta

fünfundfünfzig - cincuenta y cinco

fünfundneunzig - noventa y cinco

fünfundzwanzig - veinticinco

fünfzehn - quince

Funk - radio

Funkgerät - radio

funny - gracioso, graciosa

für - para

Fuß - pie; zu Fuß - a pie

füttern - alimentar

future - futuro

Gang - pasillo

ganz - entero

Garten - jardín

Gas - gas

Gassi gehen - sacar a pasear (den Hund spazieren führen - pasear al perro)

Gast - invitado, invitada

Gastfamilie - familia de acogida

Gebäude (Sg./Pl.) - edificio, edificios

geben - dar (er/sie/es wird geben - dará)

Gedanke, Gedanken - pensamiento, pensamientos

geeignet - adecuado, apto, apta

gegen - contra

Gehalt - salario

geheim - secreto, secreta

gehen - caminar, gehen (ich gehe) - ir (voy)

gelb - amarillo

Geld - dinero

gemeinsam - juntos

genial - genial

gerade vorher - justo antes

geschehen - ocurrir

Geschichte - historia

Geschlecht - sexo

geschlossen - cerrado

Geschwindigkeit - velocidad

Geschwindigkeitsbegrenzung - limite de velocidad

Gesicht - cara

gestohlen - robado

Gesundheit - salud

Glas - vidrio

glauben - creer

gleich - igual

gleichfalls - igualmente
Glück - felicidad
glücklich - contenta, feliz
gratis - gratuito
grau - gris
grauhaarig - cabeza canosa
groß - grande (más grande - größer, el/la más grande - der/die größte)
großartig, herrlich - magnifico, magnifica
grün - verde
Grund - razón
Gummi - goma
gut - bien [adv]; gut - bueno, buena [adj]
Haare - cabello
haben - tener
halb - medio, media
halbtags - media jornada
hallo - hola
handeln - actuar; handeln von - tratar de
händisch - manual (Handarbeit - trabajo manual)
Handschellen - esposas
Handy - móvil
hart - duro
hassen - odiar
Hauptmotor - motor principal
Haus - casa (en casa - zu Hause, a casa - nach Hause)
Hausaufgaben - deberes
Hausherr - amo de la casa
Haustier - animal doméstico, mascota
helfen - ayudar
Helfer - ayudante

Herausgeber - editor
Herd - cocina
Herkunft - origen
herstellen - producir
herumgehen, umrunden - dar la vuelta
heute - hoy
Hey - Oye
hier - aquí
Highschool - instituto
Hilfe - ayuda
Himmel - cielo
hin und zurück - ida y vuelta
hinausgehen - salir
(hinein)stecken, (hinein)legen - meter
hinter - detrás
hinunterfahren - bajar
hochachtungsvoll - atentamente
Hof - patio
Hoffnung - esperanza
hören, zuhören - escuchar
Hose - pantalones
Hotel (Pl.) - hoteles
Hotel (Sg.) - hotel
Hund - perro
Hunde - perros
Hunger - hambre
Hut - sombrero
ich - yo
ich bin (sein) - estoy [estar] / soy [ser]
Idee - idea
immer - siempre
in - en

in der Früh - por la mañana

in Ordnung, o.k. - vale

individuell, einzeln - de manera individual

informieren - informar

Ingenieur, Ingenieurin - ingeniero, ingeniera

inkludieren - incluir

intelligent - inteligente

interessant - interesante

inzwischen - mientras tanto

irgendein - cualquiera (irgendeine Art von Arbeit - cualquier tipo de trabajo)

irgendein, einige - alguno, alguna

Italiener, Italienerin - italiano, italiana

Ja - sí

ja, hallo - diga (teléfono)

Jacke - chaqueta

Jahr - año

Japan - Japón

Japaner, Japanerin - japonés, japonesa

jede, jeder, jedes - cada

jeder - todos

jetzt, gerade, gleich - ahora mismo

Journalist - periodista

jung - joven

Junge, Mädchen - chico, chica

Kabel - cable

Kaffee - café

Kaffeehaus - cafetería

Kaffeemaschine - cafetera

Käfig - jaula

kalt - frío

Kanada - Canadá

Kanadier, Kanadierin - canadiense

Känguru - canguro

Kapitän - capitán

Karte - mapa

Karten - mapas

Kasper (Name) - Kasper (nombre)

Kasse - caja

Kassierer, Kassiererin - cajero, cajera

Kategorie - categoría

Kater, Katze - minino, minina, gato, gata (Verkleinerungsform: gatito, gatita)

Kater, Katzen (Pl.) - gatos, gatas

kaufen - comprar

keiner, keine, keines - ninguno, ninguna (keine Katze - ningún gato)

kennen lernen - conocer

Kenntnisse - conocimiento

kennzeichnen - marcar

Kilometer - kilómetro

Kind - niño, niña

Kinder - niños, niñas

Kindergarten - guardería

Kiste, Schachtel - caja

Klasse - clase

Klassenzimmer - clase

Kleid - vestido

klein - pequeño (Verkleinerungsform: pequeñito)

kochen - cocinar

kommentieren, besprechen - comentar

können (ich kann) - poder (puedo)

Können, Fertigkeit - habilidad

kontrollieren, überprüfen - verificar, controlar

Koordination - coordinación

korrekt - correcto, inkorrekt - incorrecto

kosten - costar, valer

kreativ - creativo, creativa

kreischen, schreien - chillar

kreuzen, durchgehen, überqueren - cruzar

Krieg - guerra

Kristall - cristal

Krug - jarra

Küche - cocina

Kugelschreiber - bolígrafo

kümmern - ocuparse

Kunde - cliente

Kundenservice, Kunden bedienen - atención al cliente

Künstler, Künstlerin - artista

kurz - corto, corta

küssen - besar

Küste - orilla

Lächeln - sonrisa; lächeln - sonreir

lachen - reírse

Laden - tienda

Läden - tiendas

laden, tragen - cargar

Land - país

landen - aterrizar

lang - largo, larga

langsam - lentamente

Laser - láser

lasst uns - vamos

Lastwagen - camión

Lastwagenfahrer - camionero

laufen - correr

laut - en voz alta

läuten - sonar

leben - vivir

Lebenslauf - curriculum

lecker; reich - rico, rica

ledig - soltero

leer - vacío

Lehrer, Leherin - maestro, maestra

leicht - ligeramente

lernen - aprender

lesen (er hat gelesen) - leer (leyó)

Leute - gente

lieb - querido (liebe Freunde - queridos amigos)

Lieblings-, bevorzugt - favorito, favorita

Limit, Grenze - limite

Linda (Name) - Linda (nombre)

links - izquierdo, izquierda

Liste - lista

Lösung - solución

Löwe - león

Luft - aire

lustig - divertido, divertida

machen - hacer

Mal - vez (so oft - tantas veces)

manchmal - de vez en cuando

Mann - hombre

Martin (Name) - Martín (nombre)

Maschine - máquina

Matratze - colchón
maximal - máximo
Meer - mar
Meeresvogel - ave marina
mehr - más
Mehrheit - mayoría
mein - mío
mein, meine - mi, mis
Mensch - humano
mental - mental (Kopfarbeit - trabajo mental)
merken, auswendig lernen - memorizar
Metall - metal
metallisch - metálico
Meter - metro
Methode - método
Mikrofon - micrófono
Minute - minuto
Mission - misión
mit - con
Mitglied - miembro
mitteilen - comunicar
Möbel (Sg./Pl.) - mueble, muebles
mögen, lieben, gefallen - gustar
Möglichkeit - posibilidad
Moment - instante
monoton - monótono
Montag - lunes
Morgen - mañana
Motor - motor
müde - cansado, cansada
Musik - música

müssen - tener que
Mutter - madre
nach - tras
nach, zu - hacia
Nachbar - vecino
nachdenklich - pensativo, pensativa
Nachmittag, Abend, spät - tarde
Nachname - apellido
Nachnamen - apellidos (in spanischsprachigen Ländern gibt es normalerweise zwei Nachnamen)
nächster, nächste - más cercano, más cercana
Nacht - noche
nahe - cerca, cercano, cercana
Nancy (Name) - Nancy (nombre)
Nancys - de Nancy (Nancys Katze - el gato de Nancy)
Nase - nariz
Nasen - narices
nass - mojado, mojada
Nationalität - nacionalidad
neben - al lado de
nehmen - coger
Nein, nicht - no
nennen - nombrar
neu - nuevo, nueva
neun - nueve
neunter, neunte, neuntes - noveno, novena
niemals - nunca
normalerweise - normalmente
Notizbuch - cuaderno
Notizbücher - cuadernos

Nummer - número
nur - sólo
offen - abierto, abierta
öffnen - abrir
Oh - Oh
ohne - sin
Ohr - oreja
Öl - petróleo (aber: aceite - Speiseöl)
optional, freiwillig - opcional
Ort - lugar
Panik - pánico
Park - parque
Parks - parques
Paul (Name) - Paul (nombre)
Pause - pausa
Person - persona
Pilot - piloto
Plan - plan
Planet - planeta
Platz - plaza, sitio
plötzlich - de repente
Polen - Polonia
Polizeihauptmeister - sargento
Polizeit - policía
Polizeiwache - cuartel (de policía)
Polizist - policía
Preis - precio
Professor, Professorin - profesor, profesora
Profil - perfil
Programm - programa
Programmierer - programador

Prüfung - examen
pünktlich - puntual
Puppe - muñeco
Rad - rueda
Radar - radar
Ratte - rata
Raub, Diebstahl - robo
Raum, Platz - espacio
Raumschiff - nave espacial
Recht - derecho
Rechte - derechos
rechts - derecho, derecha
Rede - discurso
Regel - regla
Regen - lluvia
Rehabilitation - rehabilitación
rehabilitieren - rehabilitar
reiben - frotar
reichlich, reichhaltig - abundante
reisen - viajar
Rektor einer Universität - rector de la universidad
retten - salvar
Rettung - salvamento
Rettungsdienst - servicio de socorro
richten an - dirigir a
Robert (Name) - Robert (nombre)
Roberts - de Robert (Roberts Zimmer - la habitación de Robert)
romantisch - romántico
rot - rojo
Rubrik - columna

rufen - llamar; anrufen - llamar por teléfono
ruhig - tranquilamente
rund - redondo, redonda
Russe, Russin - ruso, rusa
Russisch - ruso
sagen - decir
Samen - semilla
Samstag - sábado
Sand - arena
Sandwich, Sandwiches - bocadillo, bocadillos
Sänger, Sängerin - cantante
sauber - limpio
Scham - vergüenza
schauen - mirar
schießen - disparar
Schiff - barca
schlafen - dormir
schlafend - durmiendo
schlagen - golpear, pegar
schlau - astutamente, listo
schlecht - mal
schließen - cerrar
Schlüssel - llave
schmerzen, bedauern - doler
schnell - rápido
schön - bonito, bonita
schon - ya
schön, angenehm - agradable
Schreck(en) - susto
schreiben - escribir

Schriftsteller, Autor - escritor
Schüler (Pl.) - estudiantes
Schüler (Sg.) - estudiante
Schüssel - bol
schütteln - sacudir
schütten, gießen - verter
Schwanz - cola
Schwertwal - orca
Schwester - hermana
schwierig - difícil
schwimmen - nadar
sechs - seis
sechster, sechste, sechstes - sexto, sexta
sechzig - sesenta
See - lago
seewärts - mar adentro
sehen - ver
sehr - mucho, muy
sein, seine, seines - su; sein Bett - su cama
seines Vaters - de su padre (das Auto seines Vaters - el coche de su padre)
seit - desde que
Seite - página
Sekretärin - secretaria
selbstverständlich - por supuesto
seltsam - extraño, extraña, raro, rara
senden - enviar
sich begeben - dirigirse
sich entscheiden für, wählen - optar por
sich erinnern - acordarse
sich irren - equivocarse
sich setzen - sentarse

sich umsehen - mirar alrededor

sich versichern, sicherstellen - asegurarse

sich waschen - lavarse

sicher - seguro, segura

(Sicherheits-)Gurt - cinturón (de seguridad)

sie - ella

sie (Pl.) - ellos

sieben - siete

siebenter, siebente, siebentes - séptimo, séptima

Signal - señal

singen - cantar

Sirene, Blaulicht - sirena

Situation - situación

Snack - merienda

so - tan

Sohn, Tochter - hijo, hija

sollen - deber

sorgfältig - cuidadoso, cuidadosa

Spaniel (Hunderasse) - spaniel

Spanien - España

Spanier, Spanierin - español, española

spazieren gehen - pasear

spielen - jugar

Spielzeug - juguete

Sport - deporte, sportlich - deportivo

Sportladen - tienda de deportes

Sportverein - club deportivo

Sprache - idioma, lengua, Muttersprache - lengua materna

sprechen - hablar

springen - saltar, Sprung - salto

Stadt - ciudad

Städte - ciudades

Standard - estándar

stark - fuerte

Stärke - fuerza

starten - arrancar (den Motor starten - arrancar el motor)

Stechmücke - mosquito

stehlen - robar

Stein - piedra

stellen, legen - colocar

sterben - morir

Stern - estrella

Stiege, Stiegen - escalera, escaleras

Stift - lápiz

Stifte - lápices

Stille - silencio

stiller Alarm - alarma silenciosa

Stillzeit - lactancia

Stimme - voz

stinkend - maloliente

stören, ärgern - molestar

stoßen - empujar

Strafe - multa

Straße - calle, carretera

Straßen - calles

Streife - patrulla; Streife fahren - patrullar

Strom - corriente

Stromstoß - descarga eléctrica

Studentenwohnheim - residencia de estudiantes

Studienjahr - curso

studieren - estudiar

Studium - carrera

Stuhl - silla

Stunde - hora (fünf Euros pro Stunde - cinco euros por hora)

suchen - buscar

Supermarkt - supermercado

sympathisch - simpático

Szene, Aktion - escena

Tablette - comprimido

Tag - día

täglich - diario, diaria

Tanker - petrolero

tanzen - bailar

Tasche - bolso

Tasche; Jacken-, Hosentasche - bolsillo

Tasse - taza

Tastatur - teclado

Tausend - mil (miles - Tausende)

Taxi - taxi

Taxifahrer - taxista

Team - equipo

Tee - té

Teekessel - tetera

teilnehmen - participar

Teilzeit - tiempo parcial

Telefon - teléfono

Teller - plato

Tennis - tenis

Text - texto

Ticket, Fahrkarte - billete

Tier - animal

Tierarzt - veterinario

Tiere - animales

Tierpfleger, Tierpflegerin - cuidador de animales, cuidadora de animales

Tiger - tigre

Tisch - mesa

Tische - mesas

Toilette - servicio

Topf, Kessel - pote

töten - matar

tötlich - mortal

tragen - llevar

trainieren - entrenar (trainiert - entrenado)

Transport - transporte

Transportfirma - empresa de transporte

Traum - ilusión, sueño

Träume - sueños

träumen - soñar (tagträumen - soñar despierto)

traurig - triste

treiben, schwimmen - flotar

Tresor - caja fuerte

treten - pisar

Trick, Schläue - astucia, truco

trinken - beber

trocknen - secar

trotz - a pesar de

Tür - puerta

über; auf - sobre

Überfall - atraco

Übermaß, Überschuss - exceso (Geschwindigkeitsübertretung - exceso de velocidad)

überrascht - sorprendido, sorprendida

Übersetzer, Übersetzerin - traductor, traductora

übrigens - por cierto

Übung, Übungen - ejercicio, ejercicios

Uhr - reloj

unbekannt - desconocido, desconocida

und - e (vor Worten, die mit (h)i beginnen, sonst «y»)

unfair - injusto

Unfall - accidente

Universität - universidad

unser, unsere - nuestro, nuestra

unten - abajo

unter - debajo de

Unterrichtsstunde - clase

unterstreichen - subrayar

Vater - padre

verändern - modificar

verbinden - conectar

Verbrechen - crimen

Verbrecher - delincuente

verdammt - maldita sea

verdienen - ganar

Verein - asociación

Vereinigte Staaten - Estados Unidos

Verfolgung - persecución

vergessen - olvidar

verhakt, festhängend - enganchado

verheiratet - casado

verkaufen - vender

Verkäufer, Verkäuferin - dependiente, dependienta

Verlader - cargador

Verlag - editorial

verlassen - dejar

verlieren - perder

verschieden - diferente

verschlingen, fressen, schlucken - engullir

verschwinden - desaparecer

Versteck - escondite

verstecken - esconder

verstehen - entender

versuchen - intentar, tratar

Vertrag - contrato

verursachen - causar

verfassen - redactar

verweigern - rechazar

verwirrt - confuso

Videokasette - cintas de video

Videothek - videoclub

viel - mucho, mucha

viele - mucho, muchos

vielleicht - quizá

vier - cuatro

vierter, vierte, viertes - cuarto, cuarta

vierundvierzig - cuarenta y cuatro

Vogel - ave

Vogel, Vögel - pájaro, pájaros

Vokabel - palabra

Vokabeln - palabras

voll - lleno, llena

Vollzeit - tiempo completo

von - de

vor - delante de; vor - hace (vor einem Monat - hace un mes)

vorderer, vordere - delantero, delantera

vorsichtig - con cuidado

vorstellen - imaginar

vortäuschen - fingir

Waffe - arma

waghalsig, tollkühn - temerario (Raser - conductor temerario)

Ware - mercancía

(Warte-)Schlange - cola

warum - por qué

Waschanlage (für Autos) - lavado de coches

waschen - lavar

Waschmaschine - lavadora

Wasser - agua

Wasserhahn - grifo

Webseite - página web

weder ... noch - ni ... ni

weil - porque

Weile - rato

weiß - blanco, blanca

weit - lejos

weitere, übrige - demás

weitermachen - seguir

welche - cuáles

Welle - ola

Welpe - cachorro

Welt - mundo

Weltherrschaft - hegemonía mundial

wenig - poco

weniger - menos

wenn, als - cuando; wenn, falls - si (condicional)

wer - quién

Werbung - anuncio

wichtig - importante

wie - como

wie geht's - qué tal

wie großartig, wie toll - qué bien

wie viel, wie viele - cuánto, cuántos

wieder - otra vez

Wind - viento

wir - nosotros

wirklich - real, realmente

wissen, kennen - conocer; wissen, kennen - saber

Witz, Spaß - gracia

wo - dónde

wofür - para qué

Wort - palabra

wunderbar - maravilloso

wundervoll - maravilloso, maravillosa

wütend - enfadado, enfadada

zahlen - pagar

Zebra - cebra

zehn - diez

zehnter, zehnte, zehntes - décimo, décima

zeigen - enseñar, mostrar, presentar

Zeit verbringen - pasar tiempo

Zeit, Saison - temporada

Zeitraum - época

Zeitschrift - revista

Zeitung - periódico

Zentrum - centro (centro de la ciudad - Stadtzentrum)
Zeremonie - ceremonia
zerschlagen, zerbrechen - romper
zerstören - destruye
Zettel, Papier - hoja
ziehen - estirar
zielen auf - apuntar
ziemlich - bastante
Zimmer (Pl.) - habitaciones
Zimmer (Sg.) - habitación
zittern - temblar
Zoo - zoo
zubereiten, vorbereiten - preparar

zuerst - primero
Zug - tren
zugeben - admitir
zum Beispiel - por ejemplo
Zuneigung - afecto
zurückbringen - devolver
zurückkehren, umkehren - volver
Zuschauer - público
zwanzig - veinte
zwei - dos
zweiter, zweite, zweites - segundo, segunda
zweiundfünfzig - cincuenta y dos
zwischen - entre

Die 1300 wichtigen spanischen Wörter

Días de la semana	Tage der Woche	Estaciones del año	Die Jahreszeiten
el domingo	Der Sonntag	el invierno	Der Winter
el lunes	Der Montag	la primavera	Der Frühling
el martes	Der Dienstag	el verano	Der Sommer
el miércoles	Der Mittwoch	el otoño	Der Herbst
el jueves	Der Donnerstag	**La familia**	**Die Familie**
el viernes	Der Freitag	abuela	Die Oma
el sábado	Der Samstag	abuelo	Der Großvater
el semana	Die Woche	abuelos	Die Großeltern
el día	Der Tag	bisabuela	Die Urgroßmutter
la noche	Die Nacht	bisabuelo	Der Urgroßvater
hoy	heute	familia	Die Familie
ayer	gestern	hermana	Die Schwester
mañana	morgen	hermano	Der Bruder
la mañana	Der Morgen	hija	Die Tochter
la noche	Der Abend	hijo	Der Sohn
Meses	**Die Monate**	madre	Die Mutter
enero	Der Januar	nieta	Die Enkelin
febrero	Der Februar	nieto	Der Enkel
marzo	Der März	niños	Die Kinder
abril	Der April	padre	Der Vater
mayo	Der Mai	padres	Die Eltern
junio	Der Juni	papá	Der Papa
julio	Der Juli	sobrina	Die Nichte
agosto	Der August	sobrino	Der Neffe
septiembre	Der September	tía	Die Tante
octubre	Der Oktober	tío	Der Onkel
noviembre	Der November	**Apariencia y cualidades**	**Aussehen und Qualitäten**
diciembre	Der Dezember	activo	aktiv

alto	hoch	peludo	behaart
amable	freundlich	pobre	arm
antiguo	alt	rico	reich
bonito	ziemlich	rizado	lockig
calvo	kahl	sincero	gerade
carácter	Der Charakter	soltero	einzig
casado	verheiratet	talentoso	talentiert
codicioso	gierig	**Emociones**	**Emotionen**
considerado / atento	rücksichtsvoll	aburrido	gelangweilt
		adormilado	schläfrig
cortés / educado	höflich	asustado	erschrocken
corto	kurz	bobo / ridículo	doof
creativo	kreativ	cansado	müde
cruel	grausam	confidente	zuversichtlich
débil	schwach	conmocionado	schockiert
delgado	schlank, dünn	contento	zufrieden, glücklich
desagradable / antipático	unfreundlich	curioso / interesado	neugierig
diplomático / discreto	taktvoll	emoción	Die Emotion
		emocionado	aufgeregt
energético	energetisch	esperanzado	hoffend
estúpido	blöd	eufórico	begeistert
feo	hässlich	hambriento	hungrig
flaco	dünn	nervioso	nervös
fuerte	stark	ofendido	beleidigt
generoso	großzügig	sediento	durstig
gordito	rundlich	solitario	einsam
grasa	fett	sorprendido	überrascht
grosero	unhöflich	travieso / malvado	spitzbübisch
hermoso	gut aussehend	triste	traurig
inteligente	klug	**Ropa**	**Kleider**
joven	jung	botas	Der Stiefel

calcetines	Die Socken	la pulsera	Das Armband
el abrigo de piel	Der Pelzmantel	la ropa	Die Kleider
el anillo	Der Ring	la sudadera	Das Sweatshirt
el anorak	Der Anorak	medias	Die Strümpfe
el camisón	Das Nachthemd	pantalones	Die Hose
el cárdigan	Die Strickjacke	pantalones / vaqueros	Die Jeans
el chándal	Der Trainingsanzug		
el chaquetón	Der Mantel	pantuflas	Die Hausschuhe
el cinturón	Der Gürtel	sandalias	Die Sandalen
el collar	Die Halskette	zapatillas	Die Turnschuhe
el guante	Der Handschuh	zapatos	Die Schuhe
el impermeable	Die Regenjacke	**Casa y muebles**	**Haus und Möbel**
el jersey	Das Trikot	abajo	unten
el pantalón	Die Hose	el apartamento	Die Wohnung
el pantalón corto	Die kurze Hose	el armario (empotrado)	Der Wandschrank
el paraguas	Der Regenschirm		
el pendiente	Der Ohrring	el balcón	Der Balkon
el pijama	Der Pyjama	el banco	Die Bank
el reloj	Die Uhr	el baño	Das Badezimmer, die Toilette
el sombrero	Der Hut		
el traje	Der Anzug	el buzón	Der Briefkasten
el traje de baño	Der Badeanzug	el colchón	Die Matratze
el vestido	Das Kleid	el comedor	Das Esszimmer
gafas	Die Brille	el cuarto	Das Schlafzimmer
la blusa	Die Bluse	el despertador	Der Wecker
la bufanda	Der Schal	el escritorio	Der Schreibtisch
la camisa	Das Hemd	el espejo	Der Spiegel
la camiseta	Das T-Shirt	el estante	Das Regal
la chaqueta	Die Jacke	el garaje	Die Garage
la corbata	Die Krawatte	el interior	Das Innere
la falda	Der Rock	el joyero	Die Schatulle
la gorra	Die Kappe	el mueble	Die Möbel

el pasillo	Der Korridor	piso de arriba	nach oben
el sofá	Das Sofa	timbre de la puerta	Die Türklingel
el taburete	Der Schemel	**La cocina**	**Die Küche**
el techo	Das Dach	el armario	Der Küchenschrank
la alacena	Der Schrank	el congelador	Der Gefrierschrank
la alfombra	Der Teppich	el grifo	Der Wasserhahn
la almohada	Das Kissen	el horno	Der Ofen
la caja fuerte	Der Safe	el lavabo	Das Waschbecken
la cama	Das Bett	el lavavajillas	Der Geschirrspüler
la casa	Das Haus	el menaje de cocina	Das Geschirr
la cocina	Die Küche	el microonda	Die Mikrowelle
la colcha	Die Tagesdecke	el refrigerador	Der Kühlschrank
la cortina	Der Vorhang	fogón / cocina	Der Herd
la ducha	Die Dusche	frasco / lata / bote	Der Kanister
la escalera	Die Treppe	la cocina	Die Küche
la funda de almohada	Der Kissenbezug	la esponja	Der Schwamm
		la hornilla	Der Brenner
la habitación	Das Zimmer	la mesa	Die Tabelle
la imagen / el dibujo	Das Bild	la silla	Der Sessel
		la toalla	Das Handtuch
la lámpara	Die Lampe	la tostadora	Der Toaster
la librería / estantería	Das Bücherregal	libro de cocina	Das Kochbuch
la manta	Die Decke	**Vajilla**	**Das Geschirr**
la mesa	Die Tabelle	el azucarero	Die Zuckerschüssel
la mesita de noche	Der Nachttisch	el cuchillo	Das Messer
la puerta	Die Tür	el cuenco	Die Schüssel
la sábana	Das Blatt	el pimentero	Der Pfefferstreuer
la sala	Das Wohnzimmer	el plato	Der Teller
la sala / el vestíbulo	Der Flur	el salero	Der Salzstreuer
		el tenedor	Die Gabel
la silla	Der Sessel	el vaso	Das Glas
la ventana	Das Fenster	la botella	Die Flasche

la cacerola / olla / el cazo	Der Kochtopf	el huevo	Das Ei
		el jamón	Der Schinken
la cafetera	Die Kaffeetasse	el jugo / el zumo	Der Saft
la cuchara	Der Löffel	el pan de molde	Das Brot
la jarra	Der Krug, der Becher	el pescado	Der Fisch
la sartén	Die Pfanne, die Bratpfanne	el pollo	Das Hähnchen
la servilleta	Die Serviette	el queso	Der Käse
la tapa	Der Deckel	el sándwich	Das Sandwich
la taza	Die Tasse	el té	Der Tee
la tetera	Der Kessel, die Teekanne	especia	würzen
		frito	gebraten
la vajilla	Das Geschirr	horneado	gebacken
Comida	**Essen**	la carne	Das Fleisch
agrio	sauer	la carne de vaca	Das Rindfleisch
amargo	bitter	la chuleta	Das Kotelett
crema de avena	Der Haferbrei	la comida	Das Lebensmittel
croissant	Das Croissant	la ensalada	Der Salat
dulce	süß	la fruta	Die Frucht
el arroz	Der Reis	la galleta	Das Plätzchen
el azúcar	Der Zucker	la gelatina	Das Gelee
el cacao	Der Kakao	la harina	Das Mehl
el café	Der Kaffee	la leche	Die Milch
el caramelo	Die Süßigkeiten	la mantequilla	Die Butter
el caviar	Der Kaviar	la mayonesa	Die Mayonnaise
el cerdo	Das Schweinefleisch	la mermelada	Die Marmelade
el chocolate	Die Schokolade	la pasta	Die Pasta
el cóctel	Der Cocktail	la patata	Die Kartoffel
el crepe	Der Pfannkuchen	la pimienta	Der Pfeffer
el filete	Das Steak	la pizza	Die Pizza
el frijol / la judía / la habichuela	Die Bohne	la sal	Das Salz
		la salchicha	Die Wurst
el helado	Das Eis	la salsa	Die Soße

la salsa de tomate / el kétchup	Der Ketchup	la carne de vaca / de res	Das Rindfleisch
la sopa	Die Suppe	la gamba	Die Garnele
la tarta	Der Kuchen	la langosta	Der Hummer
macarrones	Die Makkaroni	la merluza	Der Seehecht
pastel / la tarta	Der Kuchen	la ostra	Die Auster
salado	gesalzen	la platija / solla	Die Scholle
vegetales	Das Gemüse	la sardina	Die Sardine
Carne y pescado	**Fleisch und Fisch**	la ternera	Das Kalbfleisch
aves de corral	Das Geflügel	la trucha	Die Forelle
carne de cordero	Das Hammelfleisch	riñones	Die Nieren
el arenque	Der Hering	**Fruta**	**Die Frucht**
el bacalao	Der Kabeljau	el albaricoque	Die Aprikose
el calamar	Der Tintenfisch	el kiwi	Die Kiwi
el camarón	Die Garnele	el limón	Die Zitrone
el cangrejo	Die Krabbe	el mango	Die Mango
el cerdo	Das Schweinefleisch	el melocotón	Der Pfirsich
el cordero	Das Lamm	el melón	Die Melone
el ganso	Die Gans	el plátano	Die Banane
el hígado	Die Leber	el pomelo	Die Grapefruit
el jamón	Der Schinken	la ciruela	Die Pflaume
el marisco	Die Meeresfrüchte	la fruta	Die Frucht
el mejillón	Die Muschel	la lima	Die Limette
el pato	Die Ente	la manzana	Der Apfel
el pavo	Der Truthahn	la pera	Die Birne
el pescado	Der Fisch	la piña	Die Ananas
el pollo	Das Hähnchen	la uva	Die Traube
el salmón	Der Lachs	**Verduras**	**Das Gemüse**
el tocino	Der Speck	el ajo	Der Knoblauch
el venado	Das Wild	el apio	Der Sellerie
la caballa	Die Makrele	el eneldo	Der Dill
la carne	Das Fleisch	el guisante	Die Erbse

el pepino	Die Gurke	el zumo de naranja	Der Orangensaft
el perejil	Die Petersilie	jugo de verduras	Der Gemüsesaft
el rábano	Der Rettich	la bebida	Das Getränk
el tomate	Die Tomate	la cerveza	Das Bier
frijoles	Die Bohnen	la leche	Die Milch
la berenjena	Die Aubergine	la limonada	Die Limonade
la calabaza	Der Kürbis	**Cocina**	**Das Kochen**
la cebolla	Die Zwiebel	añadir	hinzufügen
la patata	Die Kartoffel	asar	braten
la pimienta	Der Pfeffer	batir	verquirlen
la remolacha	Die Zuckerrüben	cocer	kochend
la verdura	Das Gemüse	cocinar	kochen
la zanahoria	Die Karotte	colar	sieben
repollo / la col	Der Kohl	derretir	schmelzen
Bebidas	**Die Getränke**	freír	braten
bebida alcohólica	alkoholisches Getränk	golpear	schlagen
el agua	Das Wasser	hervir	kochen
el alcohol	Alkohol	hervir a fuego lento	kochen
el batido	Der Milchshake	hornear	backen
el beber	Das Getränk	lavar	waschen
el cacao	Der Kakao	mezclar	mischen
el café	Der Kaffee	parrilla	grillen
el cóctel	Der Cocktail	pelar	schälen
el jugo / zumo	Der Saft	pesar	wiegen
el jugo / zumo de tomate	Der Tomatensaft	picar	hacken
		picar / moler	zerkleinern
el refresco	Das alkoholfreie Getränk	rallar	reiben
		rebanada	schneiden
el té	Der Tee	remover / mezclar / revolver	rühren
el té helado	Der Eistee		
el vino	Der Wein	verter	gießen
el zumo de frutas	Der Fruchtsaft		

Trabajo domestico	**Der Haushalt**	el champú	Das Shampoo
barrer	fegen	el cuidado	Die Pflege
el aire	Die Luft	el desodorante	Das Deodorant
el aspirador	Der Staubsauger	el enjuague bucal	Das Mundwasser
el cubo	Der Eimer	el esmalte de uñas	Die Nagelpolitur
el cubo de basura	Der Mülleimer	el espejo	Der Spiegel
el detergente	Das Waschmittel	el hilo dental	Die Zahnseide
el limpiador	Das Reinigungsmittel	el jabón	Die Seife
el polvo	Der Staub	el lápiz labial	Der Lippenstift
el recogedor	Die Schaufel	el lavabo	Das Waschbecken
el trapo	Der Lappen	el peine	Der Kamm
la basura	Der Müll	el perfume	Das Parfüm
la escoba	Der Besen	el rímel	Die Wimperntusche
la esponja	Der Schwamm	el ventilador	Der Ventilator
la fregona	Der Mopp	la báscula	Die Waage
la lejía / blanqueador	bleichen	la colonia	Das Eau de Cologne
la pinza de ropa	Die Wäscheklammer	la crema de afeitar	Der Rasierschaum
la plancha	Das Bügeleisen	la ducha	Die Dusche
la ropa sucia	Die Wäsche	la esponja	Der Schwamm
la suciedad	Der Schmutz	la higiene	Die Hygiene
la tabla de planchar	Das Bügelbrett	la horquilla	Die Haarnadel
limpiar	wischen	la maquinilla de afeitar	Der Rasierer
trabajo domestico	Die Haushaltung	la pasta dental	Die Zahnpasta
vaciar	leer	la toalla	Das Handtuch
Cuidado del cuerpo	**Die Körperpflege**	pinzas	Die Pinzette
		tijeras	Die Schere
el ambientador	Das Erfrischungsmittel	**Clima**	**Das Wetter**
		brillante	hell
el baño	Die Toilette	brumoso	neblig
el cepillo de dientes	Die Zahnbürste	caliente	heiß
el cesto	Der Korb	calor	Die Hitze

clima	Das Wetter	la ambulancia	Der Krankenwagen
escarchado	eisig	la bicicleta	Das Fahrrad
fresco	kühl	la calle	Die Straße
frío	frostig	la camioneta	Der Van
frío / helado	kalt	la carretera	Die Straße
granizo	Der Hagel	la motocicleta	Das Motorrad
la brisa	Die Brise	la scooter	Der Roller
llovizna	Der Regenschauer	**Ciudad**	**Die Stadt**
lluvia	Der Regen	el almacén / el negocio / la tienda	Das Geschäft
lluvioso	regnerisch	el aparcamiento	Der Parkplatz
niebla	Der Nebel	el arriate de flores	Das Blumenbeet
nieve	Der Schnee	el asiento	Der Sitz
nublado	bewölkt	el balneario	Die Badeanstalt
relámpago	Der Blitz	el banco	Die Bank
soleado	sonnig	el bar	Die Bar
temperatura	Die Temperatur	el barrio residencial	Der Vorort
ventoso	windig	el callejón	Die Gasse
viento	Der Wind	el cine	Das Kino
Transporte	**Der Transport**	el circo	Der Zirkus
el autobús	Der Bus	el club nocturno	Der Nachtclub
el avión	Das Flugzeug	el colegio	Die Schule
el barco	Das Boot	el cruce	Die Kreuzung
el camión	Der LKW	el cruce peatonal	Der Zebrastreifen
el coche	Das Auto	el dentista	Die Zahnarztpraxis
el coche de policía	Das Polizeiauto	el edificio	Das Gebäude
el helicóptero	Der Hubschrauber	el estacionamiento	Der Parkplatz
el semáforo	Die Ampel	el estadio	Das Stadion
el transporte	Der Transport	el hospital	Das Krankenhaus
el tranvía	Die Tram	el hotel	Das Hotel
el tren	Der Zug	el mapa	Die Karte
el velero	Das Segelboot		
enviar	Das Schiff		

el médico	Der Arzt	la farmacia	Die Drogerie, die Apotheke
el mercado	Der Markt	la fuente	Der Brunnen
el monumento	Das Monument	la galería	Die Galerie
el museo	Das Museum	la galería de arte	Die Bildergalerie
el palacio	Der Palast	la gasolinera	Die Tankstelle
el parque	Der Park	la iglesia	Die Kirche
el paso de peatones	Die Fußgängerbrücke	la intersección	Die Straßenkreuzung
el pavimento / la acera	Das Pflaster	la librería	Die Buchhandlung
el plano de la ciudad	Die Straßenkarte	la mapa de la ciudad	Der Stadtplan
el portón	Das Tor	la metro	Die U-Bahn
el pueblo	Die Stadt	la oficina de correos	Die Post
el puente	Die Brücke	la panadería	Die Bäckerei
el puesto	Der Stall	la parada de autobús	Die Bushaltestelle
el rascacielos	Der Wolkenkratzer	la parada de taxis	Der Taxistand
el restaurante	Das Restaurant	la peluquería	Der Friseur
el semáforo	Die Ampeln	la piscina	Das Schwimmbad
el zoo / zoológico	Der Zoo	la plaza	Der Platz
grandes almacenes	Das Kaufhaus	la plaza de la ciudad	Der Stadtplatz
la acera	Der Bürgersteig	la policía	Die Polizei
la avenida	Die Allee	la señal de tráfico	Das Straßenschild
la biblioteca	Die Bibliothek	la supermercado	Der Supermarkt
la cafetería	Das Café	la teatro	Das Theater
la calle	Die Straße	la tienda	Das Geschäft
la carretera	Die Straße	la tienda de flores / la floristería	Das Blumengeschäft
la ciudad	Die Stadt	la Universidad	Die Universität
la esquina	Die Ecke	la zona	Der Bereich
la estación de bomberos	Die Feuerwehr	paso inferior	Die Unterführung
la estación de tren	Der Bahnhof		
la estatua	Die Statue		

subterráneo	Die Untergrundbahn	el profesor	Der Lehrer
Colegio	**Die Schule**	el puñetazo	der Locher
abrazadera de papel	Die Klemme	el reconocimiento	Die Untersuchung
		el reloj	Die Uhr
biología	Die Biologie	el rotulador	Der Marker
calendario	Der Zeitplan	el rotulador flourescente	Der Textmarker
director de escuela	Der Schulleiter		
el alumno	Der Schüler	el sacapuntas	Der Anspitzer
el archivo	Die Datei	el semestre	Das Semester
el aula	Das Klassenzimmer	física	Die Physik
el bloc de notas	Der Notizblock	geografía	Die Erdkunde
el bolígrafo	Der Stift	grapas	Die Heftklammern
el borrador	Der Radiergummi	historia	Die Geschichte
el clip	Der Clip	la calculadora	Der Taschenrechner
el colegio	Die Schule	la campana	Die Glocke
el cuaderno	Das Notizbuch	la chincheta	Die Reißzwecke
el descanso	Die Unterbrechung	la cinta	Das Band
el dibujo	Die Zeichnung	la cinta adhesiva	Der Tesafilm
el escritorio	Der Schreibtisch	la educación	Die Bildung
el estuche	Das Mäppchen	la fiesta	Der Urlaub
el estudiante	Der Schüler	la grapadora	Der Hefter
el examen	Die Prüfung	la lección	Die Lektion
el globo	Der Globus	la marca / señal	Das Kennzeichen
el lápiz	Der Bleistift	la mochila	Der Rucksack
el líquido corrector	Die Korrekturflüssigkeit	la papelería	Die Schreibwaren
		la pegatina	Der Aufkleber
el mapa	Die Karte	la pizarra	Die Tafel
el material de oficina	Der Bürobedarf	la portapapeles	Das Klemmbrett
		la prueba	Der Test
el papel	Das Papier	la regla	Das Lineal
el pegamento	kleben	la silla	Der Sessel
el plan de estudios	Der Lehrplan	la taquilla	Das Schließfach

la tiza	Die Kreide	doctor / médico	Der Arzt
libro de texto	Das Lehrbuch	economista	Der Ökonom
matemáticas	Die Mathematik	el contable	Der Buchhalter
música	Die Musik	electricista	Der Elektriker
química	Die Chemie	enfermera	Die Krankenschwester
tijeras	Die Schere		
Profesiones	**Die Berufe**	entrenador	Der Trainer
abogado	Der Anwalt	escritor	Der Schriftsteller
actor	Der Schauspieler	estilista	Der Stylist
administrador	Der Administrator	financiero	Der Financier
arquitecto	Der Architekt	fontanero	Der Klempner
artista	Der Künstler	fotógrafo	Der Fotograf
asistente de ventas	Der Verkäufer	gerente	Manager
atleta	Der Athlet	guardaespaldas	Der Leibwächter
barbero	Der Herrenfriseur	guía	Der Führer
barman / camarero / tabernero	Der Barkeeper	ingeniero	Der Ingenieur
		interprete	Der Dolmetscher
bibliotecario	Der Bibliothekar	limpiador	Der Reiniger
bombero	Der Feuerwehrmann	mensajero	Der Kurier
cajero	Der Kassierer	militar	Der Soldat
camarero	Die Bedienung	músico	Der Musiker
cantante	Der Sänger	peluquero	Der Friseur
cartero	Der Briefträger	periodista	Der Journalist
científico	Der Wissenschaftler	policía	Der Polizist
cocinero	Der Koch	político	Der Politiker
compositor	Der Komponist	profesión	Der Beruf
conductor	Der Fahrer	profesor	Der Lehrer
conductor de taxi	Der Taxifahrer	programador	Der Programmierer
constructor	Der Erbauer	sacerdote	Der Priester
consultor	Der Berater	secretario	Die Sekretärin
dentista	Der Zahnarzt	veterinario	Der Tierarzt
diseñador	Der Designer		

Acciones	Die Aktionen
abofetear	schlagen
agacharse	hocken
andar de puntillas	auf Zehenspitzen gehen
apoyarse	lehnen
arrastrar	ziehen
bucear	tauchen
caminar	gehen
capturar	fangen
correr	laufen
desfilar	marschieren
doblar	biegen
empujar	drücken
estirar	strecken
gatear	kriechen
golpear	schlagen
lanzar	werfen
levantar	aufheben
llevar	tragen
omitir	überspringen
patear	treten
poner	stellen
saltar	springen, hüpfen
sentar	sitzen
sostener / agarrar	halten
tirar	ziehen

Música	Die Musik
acompañar	Die musikalische Begleitung
acordeón	Das Akkordeon
álbum	Das Album
balalaica	Die Balalaika
ballet	Das Ballett
banda	Das Band
baquetas	Die Trommelstöcke
clip de vídeo / vídeo / grabación	Das Video (Clip)
componer	komponieren
el altavoz	Der Lautsprecher
el arco	Der Bogen
el arpa	Die Harfe
el bajo	Der Bass
el clarinete	Die Klarinette
el compositor	Der Komponist
el concierto	Das Konzert
el dirigente	Der Dirigent
el fagot / bajón	Das Fagott
el micrófono	Das Mikrofon
el músico	Der Musiker
el oboe	Die Oboe
el órgano	Die Orgel
el piano	Das Klavier
el piano de cola	Der Konzertflügel
el recital	Die Aufführung
el saxofón	Das Saxophon
el single	Die Single
el sintetizador	Der Synthesizer
el solista	Der Solist
el sonido	Der Klang
el tambor	Die Trommel
el trombón	Die Posaune
el violín	Die Geige
el violonchelo	Das Cello

gaita	Der Dudelsack	ejercicios aeróbicos	Das Aerobic
instrumentos de cuerda	Die Streichinstrumente	el atletismo	die Leichtathletik
		el baloncesto	Das Basketballspiel
instrumentos de latón	Die Blechbläser	el boxeo	Das Boxen
		el buceo	Das Tauchen
instrumentos de viento	Die Blasinstrumente	el ciclismo	Das Radfahren
		el fútbol	Das Fußballspiel
instrumentos musicales	Die Musikinstrumente	el golf	Das Golf
		el hockey	Das Eishockey
la batuta	Der Taktstock	el judo	Das Judo
la canción	Das Lied	el kárate	Das Karate
la flauta	Die Flöte	el levantamiento de pesas	Das Gewichtheben
la guitarra	Die Gitarre		
la música clásica	Die klassische Musik	el paracaidismo	Das Fallschirmspringen
la ópera	Die Oper		
la opereta	Die Operette	el patinaje	Das Skaten
la orquesta	Das Orchester	el ping pong	Das Tischtennis
la percusión	Das Schlagzeug	el piragüismo	Der Kanusport
la sinfonía	Die Symphonie	el Skateboarding	Das Skateboarding
la trompa / el cuerno	Das Horn	el tenis	Das Tennis
		el tiro	Das Schießen
la trompeta	Die Trompete	el trineo	Das Schlittenfahren
la tuba	Die Tuba	el voleibol	Das Volleyballspiel
la viola	Die Viola	esquiar	Das Skifahren
música de cámara	Die Kammermusik	la carrera	Das Rennen
música instrumental	Die Instrumentalmusik	la gimnasia	Die Gymnastik
		la lucha	Das Ringen
platillos	Das Becken	la natación	Das Schwimmen
transcribir	transkribieren	la navegación	Das Segeln
virtuoso	Der Virtuose	navegación en yate	Das Segeln
Deportes	**Der Sport**	trotar / jogging / footing	Das Jogging
bailar	Das Tanzen		
bolos	Das Bowling		

Cuerpo	**Der Körper**	la cabeza	Der Kopf
calvo	kahl	la cara	Das Gesicht
el bigote	Der Schnurrbart	la ceja	Die Augenbraue
el brazo	Der Arm	la cintura	Die Taille
el cabello	Das Haar	la espalda	Der Rücken
el codo	Der Ellbogen	la espinilla	Das Schienbein
el cuello	Der Hals	la frente	Die Stirn
el cuerpo	Der Körper	la gafa	Die Brille
el dedo	Der Finger	la gafa de sol	Die Sonnenbrille
el dedo anular	Der Ringfinger	la lengua	Die Zunge
el dedo corazón	Der Mittelfinger	la mano	Die Hand
el dedo del pie	Die Zehe	la mejilla	Die Wange
el dedo índice	Der Zeigefinger	la mujer	Die Frau
el dedo meñique	Der kleine Finger	la nariz	Die Nase
el diente (los dientes)	Der Zahn (die Zähne)	la palma	Die Handinnenfläche
		la pantorrilla	Die Waden
el estómago	Der Bauch	la pestaña	Die Wimper
el hombre	Der Mann	la pierna	Das Bein
el hombro	Die Schulter	la pupila	Die Pupille
el labio(s)	Die Lippe(n)	la rodilla	Das Knie
el muslo	Der Schenkel	la uña	Der Fingernagel
el ojo (s)	Das Auge (die Augen)	peludo	behaart
el párpado	Das Augenlid	uña del dedo del pie	Der Zehennagel
el pecho	Die Brust		
el pie (pies)	Der Fuß (die Füße)	**Naturaleza**	**Die Natur**
el pulgar	Der Daumen	el barranco	Die Schlucht
el tacón	Die Hacke	el bosque	Der Wald
el tobillo	Der Knöchel	el campo	Das Feld
el trasero	Das Gesäß	el desierto	Die Wüste
la barba	Der Bart	el estanque	Der Teich
la barbilla	Das Kinn	el glaciar	Der Gletscher
la boca	Der Mund	el lago	Die See

el mar	Das Meer	el camello	Das Kamel
el océano	Der Ozean	el canguro	Das Känguru
el río	Der Fluss	el castor	Der Biber
la colina	Der Hügel	el cerdo	Das Schwein
la costa	Die Küste	el chimpancé	Der Schimpanse
la cueva	Die Höhle	el ciervo	Der Hirsch
la isla	Die Insel	el coala	Der Koala
la llanura	Die Ebene	el conejo	Der Hase
la montaña	Der Berg	el elefante	Der Elefant
la naturaleza	Die Natur	el gorila	Der Gorilla
la playa	Der Strand	el hipopótamo	Das Nilpferd
la roca	Der Felsen	el león	Der Löwe
la selva	Der Dschungel	el leopardo	Der Leopard
Mascota	**Das Haustier**	el lobo	Der Wolf
el caballo	Das Pferd	el mono	Der Affe
el cachorro	Der Welpe	el murciélago	Die Fledermaus
el cerdito	Das Ferkel	el oso	Der Bär
el cerdo	Das Schwein	el panda	Der Pandabär
el conejo	Der Hase	el ratón	Die Maus
el gatito	Das Kätzchen	el rinoceronte	Das Nashorn
el gato	Die Katze	el tigre	Der Tiger
el hámster	Der Hamster	el zorrillo	Der Skunk
el perro	Der Hund	el zorro	Der Fuchs
la cobaya	Das Meerschweinchen	la ardilla	Das Eichhörnchen
		la cebra	Das Zebra
la mascota	Das Haustier	la hiena	Die Hyäne
Animales	**Die Tiere**	la jirafa	Die Giraffe
el alce / el ante	Der Elch	la llama	Das Lama
el animal	Das Tier	la rata	Die Ratte
el bisonte	Der Bison	**Aves**	**Die Vögel**
el burro	Der Esel	el águila	Der Adler
el caballo	Das Pferd	el avestruz	Der Vogel Strauß

el búho	Die Eule	el loto	Der Lotus
el canario	Der Kanarienvogel	el narciso	Die Narzisse
el cisne	Der Schwan	el ramo	Der Strauß
el colibrí	Der Kolibri	el tulipán	Die Tulpe
el cuco	Der Kuckuck	la amapola	Der Mohn
el cuervo	Die Krähe	la camelia	Die Kamelie
el faisán	Der Fasan	la dalia	Die Dahlie
el flamenco	Der Flamingo	la flor	Die Blume
el ganso	Die Gans	la lavanda	Das Lavendel
el gorrión	Der Spatz	la margarita	Das Gänseblümchen
el halcón	Der Falke	la orquídea	Die Orchidee
el loro	Der Papagei	la peonía	Die Pfingstrose
el pájaro	Der Vogel	la rosa	Die Rose
el pájaro carpintero	Der Specht	la violeta	Das Veilchen
el pato	Die Ente	narciso de las nieves / campanilla de las nieves	Das Schneeglöckchen
el pavo real	Der Pfau		
el pelícano	Der Pelikan		
el pingüino	Der Pinguin	**Árboles**	**Die Bäume**
el pollo	Das Hühnchen	el abedul	Die Birke
la cigüeña	Der Storch	el abeto	Die Tanne
la gaviota	Die Möwe	el álamo / el chopo	Die Pappel
la golondrina	Die Schwalbe	el árbol	Der Baum
la grulla	Der Kranich	el arce	Der Ahorn
la paloma	Die Taube	el bosque	Der Wald
Flores	**Die Blumen**	el castaño	Die Kastanie
el azafrán	Der Krokus	el cono	Der Kegel
el clavel	Die Nelke	el haya	Die Buche
el diente de león	Der Löwenzahn	el pino	Die Kiefer
el girasol	Die Sonnenblume	el roble	Die Eiche
el gladíolo	Die Gladiole	el sauce	Die Weide
el iris / el lirio	Die Iris	el tilo	Die Linde
el lirio	Die Lilie	El tronco	Der Baumstamm

la corteza	Die Akazie	la rana	Der Frosch
la hoja	Das Blatt	la serpiente de mar	Die Seeschlange
la palmera	Die Palme	la tortuga	Die Schildkröte
la raíz	Die Wurzel	**Colores**	**Die Farben**
la rama	Der Ast	amarillo	gelb
Mar	**Das Meer**	azul	blau
el aligátor	Der Alligator	blanco	weiß
el cachalote	Der Cachalot	gris	grau
el camarón	Die Garnele	marrón	braun
el cangrejo / la langosta	Die Krabbe	naranja	orange
el cangrejo de río / la langosta	Der Flusskrebs	negro	schwarz
		rojo	rot
el caracol	Die Schnecke	rosa	rosa
el cocodrilo	Das Krokodil	verde	grün
el coral	Die Koralle	**Tamaño**	**Die Größe**
el delfín	Der Delfin	alto	hoch, groß
el mar	Das Meer	amplio	breit
el marisco	Die Meeresfrüchte	bajo	niedrig
el molusco	Das Weichtier	cerca	in der Nähe von
el océano	Der Ozean	corto	kurz
el pescado	Der Fisch	delgado	dünn
el pez espada	Der Schwertfisch	enorme	enorm
el pulpo	Der Tintenfisch	estrecho	eng
el tiburón	Der Hai	grande	groß
la ballena	Der Wal	grueso	dick
la estrella de mar	Der Seestern	largo	lang
la foca	Der Seehund	lejos	weit
la langosta	Der Hummer	medio	mittel
la medusa	Die Qualle	pequeño	klein
la morsa	Das Walross	profundo	tief
la nutria	Der Otter	superficial	flach
		tamaño	Die Größe

Materiales	**Die Materialien**
el caucho	Das Gummi
el cuero	Das Leder
el hormigón	Der Beton
el ladrillo	Der Ziegel
el material	Das Material
el metal	Das Metall
el paño	Das Tuch
el papel	Das Papier
el plástico	Der Kunststoff
el vidrio	Das Glas
la arcilla	Der Lehm
la cartulina	Der Karton
la madera	Das Holz
la piedra	Der Stein
la tela	Der Stoff

El Aeropuerto	**Der Flughafen**
el ala	Der Flügel
el asiento	Der Sitz
el aterrizaje	Die Landung
el avión	Das Flugzeug
el billete	Die Fahrkarte
el chaleco salvavidas	Die Rettungsweste
el despegue	Das Abheben
el destino	Das Reiseziel
el embarque	Das Einsteigen
el equipaje	Das Gepäck
el fuselaje	Der Rumpf
el horario	Der Zeitplan
el lavabo	Die Toilette
el líquido	Die Flüssigkeit
el pasajero	Der Passagier
el pasaporte	Der Reisepass
el pasillo	Der Gang
el reposabrazos	Die Armlehne
el retraso	Die Verzögerung
el tren de aterrizaje	Das Fahrwerk
el visado	Das Visum
el vuelo	Der Flug
guardia de seguridad	Der Sicherheitsbeamte
la aduana	Der Zoll
la cabina	Die Kabine, der Cockpit
la carretilla	Der Wagen
la cola	Das Heck
la emergencia	Der Notfall
la maleta	Der Koffer
la mochila	Der Rucksack
la pista	Die Startbahn
la puerta de embarque	Das Gate
la terminal	Der Terminal
la ventana	Das Fenster
seguir	Das Fortfahren

Geografía	**Die Erdkunde**
el acantilado	Das Kliff
el bosque	Der Wald
el cabo	Das Kap
el canal	Der Kanal
el desierto	Die Wüste
el distrito	Der Kreis
el ecuador	Der Äquator

el estado	Das Bundesland	la tundra	Die Tundra
el glaciar	Der Gletscher	la zona	Der Bereich
el lago	Die See	la zona tropical	Die Tropen
el mar	Das Meer	las tierras altas	Das Hochland
el oasis	Die Oase	las tierras bajas	Das Tiefland
el océano	Der Ozean	**Crímenes**	**Das Verbrechen**
el país	Das Land	el abuso infantil	Der Kindesmissbrauch
el pantano	Der Sumpf	el asalto	Der Angriff, der Überfall
el pico	Die Spitze	el asesinato	Der Mord
el pueblo	Die Stadt	el chantaje	Die Erpressung
el puerto	Der Pass	el contrabando	Der Schmuggel
el río	Der Fluss	el disturbio	Das Randalieren
el valle	Das Tal	el espionaje	Die Spionage
el valle / la llanura	Die Ebene	el fraude	Der Betrug
el volcán	Der Vulkan	el genocidio	Der Völkermord
la aldea	Das Dorf	el homicidio	Der Mord
la capital	Die Hauptstadt	el homicidio imprudente	Der Totschlag
la ciudad	Die Stadt	el hurto	Der Ladendiebstahl
la colina	Der Hügel	el incendio provocado	Die Brandstiftung
la cordillera de montaña / cadena de montaña -	Die Bergkette / Bergkette -	el perjurio	Der Meineid
la corriente	Der Strom	el robo	Der Einbruch, der Raub
la corriente oceánica	Die Meeresströmung	el secuestro	Die Entführung
la cumbre	Der Gipfel	el soborno	Die Bestechung
la meseta	Das Plateau	la bigamia	Die Bigamie
la montaña	Der Berg	la calumnia / difamación	Die Verleumdung
la piscina / estanque	Der Pool / Teich	la conspiración	Die Verschwörung
la primavera	Die Quelle	la falsificación	Die Fälschung
la región	Die Region		
la selva	Der Dschungel		

la traición	Der Verrat	ochenta	achtzig
la violación	Die Vergewaltigung	noventa	neunzig
transgredir	Das unerlaubte Betreten	cien	einhundert
		ciento uno ...	einhundertundeins ...
Números	**Nummern**	doscientos	zweihundert
uno	eins	mil	eintausend
dos	zwei	un millón	eine Million
tres	drei	**Números ordinales**	**Ordnungszahlen**
cuatro	vier		
cinco	fünf	primero	erste
seis	sechs	segundo	zweite
siete	Sieben	tercero	dritte
ocho	acht	cuarto	vierte
nueve	neun	quinto	fünfte
diez	zehn	sexto	sechste
once	elf	séptimo	siebte
doce	zwölf	octavo	achte
trece	dreizehn	noveno	neunte
catorce	vierzehn	décimo	zehnte
quince	fünfzehn	undécimo	elfte
dieciséis	sechzehn	duodécimo	zwölfte
diecisiete	siebzehn	decimotercero	dreizehnte
dieciocho	achtzehn	decimocuarto	vierzehnte
diecinueve	neunzehn	decimoquinto	fünfzehnte
veinte	zwanzig	decimosexto	sechzehnte
veintiuno	einundzwanzig	decimoséptimo	siebzehnte
veintidós	zweiundzwanzig	decimoctavo	achtzehnte
treinta	dreißig	decimonoveno	neunzehnte
cuarenta	vierzig	vigésimo	zwanzigste
cincuenta	fünfzig	vigésimo primer	einundzwanzigste
sesenta	sechzig	vigésimo segundo	zweiundzwanzigste
setenta	siebzig	vigésimo tercero	dreiundzwanzigste

veinticuatro / vigésimo cuarto	vierundzwanzigste	quincuagésimo	fünfzigste
		sexagésimo	sechzigste
vigésimo quinto	fünfundzwanzigste	septuagésimo	siebzigste
veintiséis / vigésimo sexto	sechsundzwanzigste	octogésimo	achtzigste
		nonagésimo	neunzigste
vigésimo séptimo	siebenundzwanzigste	centésimo	hundertste
veintiocho / vigésimo octavo	achtundzwanzigste	milésimo	tausendste
		millonésimo	millionste
vigésimo noveno	neunundzwanzigste		
trigésimo	dreißigste		
cuadragésimo	vierzigste		

Buchtipps

Das Erste Spanische Lesebuch für Anfänger
Band 1
Zweisprachig mit Spanisch-deutscher Übersetzung
Stufen A1 A2

Das Buch enthält einen Kurs für Anfänger und fortgeschrittene Anfänger, wobei die Texte auf Deutsch und auf Spanisch nebeneinanderstehen. Die Motivation des Schülers wird durch lustige Alltagsgeschichten über das Kennenlernen neuer Freunde, Studieren, die Arbeitssuche, das Arbeiten etc. aufrechterhalten. Die dabei verwendete Methode basiert auf der natürlichen menschlichen Gabe, sich Wörter zu merken, die immer wieder und systematisch im Text auftauchen. Sätze werden stets aus den im vorherigen Kapitel erklärten Wörtern gebildet. Das zweite und die folgenden Kapitel des Anfängerkurses haben nur jeweils etwa dreißig neue Wörter. Die Audiodateien sind auf www.lppbooks.com/Spanish/index_de.html inklusive erhältlich.

Das Erste Spanische Lesebuch für Anfänger
Band 2
Zweisprachig mit Spanisch-deutscher Übersetzung
Stufe A2

Dieses Buch ist Band 2 des Ersten Spanischen Lesebuches für Anfänger. DieAudiodateien sind auf www.lppbooks.com/Spanish/index_de.html inklusive erhältlich.

Das Erste Spanische Lesebuch für Anfänger
Band 3
Zweisprachig mit Spanisch-deutscher Übersetzung
Stufe A2

Dieses Buch ist Band 3 des Ersten Spanischen Lesebuches für Anfänger. Die Audiodateien sind auf www.lppbooks.com/Spanish/index_de.html inklusive erhältlich.

Das Zweite Spanische Lesebuch
Zweisprachig mit Spanisch-deutscher Übersetzung
Stufen A2 B1

Ein Privatdetektiv ist hinter der Frau her, die er liebt. Ehemaliger Luftwaffenpilot, er entdeckt einige Seiten in der menschlichen Natur, mit denen er nicht zurechtkommen kann. Das Zweite Spanische Lesebuch ist ein zweisprachiges Buch für die Stufen A2 und B1. Neue Worte werden im Buch von Zeit zu Zeit wiederholt, dadurch können Sie sich leichter an sie erinnern. Die Audiodateien sind auf www.lppbooks.com/Spanish/index_de.html inklusive erhältlich.

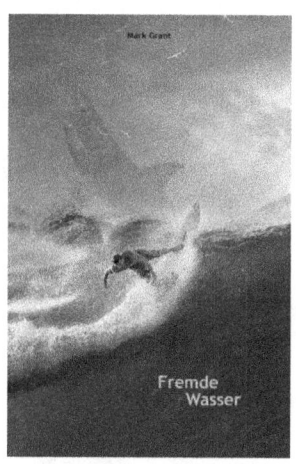

Fremde Wasser
Zweisprachig mit Spanisch-deutscher Übersetzung
Stufe B2

Mitgründer eines Zwei-Mann-Unternehmens zu sein hat seine Vor- und Nachteile. Das kalte Wasser der Selbsttätigkeit ist aber nicht für jedermann geeignet. Die Audiodateien sind auf www.lppbooks.com/Spanish/BusinessSE/ inklusive erhältlich.

Ängste und Hoffnungen von Thomas
Ausgewählte Spanische Kurzgeschichten
Zweisprachig mit Spanisch-deutscher Übersetzung

Thomas war zu seines Vaters Beerdigung nach Georgia heimgekehrt. Er wurde informiert, dass er das ganze Vermögen bekommen würde, denn er war ein Einzelkind. Da passierten einige Ereignisse, die ihm eine Furcht einjagten. Die Audiodateien sind auf www.lppbooks.com/Spanish/Thomas_audio/ inklusive erhältlich.

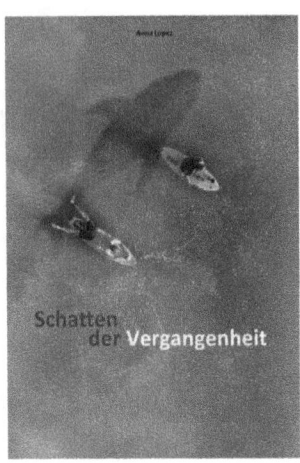

Schatten der Vergangenheit
Stufe B2
Zweisprachig mit Spanisch-deutscher Übersetzung
Die forensische Wissenschaft war eine von Damien Morins Leidenschaften. Inzwischen betraf das erste wirkliche Verbrechen, dass er untersuchte, seine eigene Vergangenheit. Die Audiodateien sind auf www.lppbooks.com/Spanish/Lopez/ inklusive erhältlich.

www.ingramcontent.com/pod-product-compliance
Lightning Source LLC
Chambersburg PA
CBHW080338170426
43194CB00014B/2612